JN299237

わかりやすい ビジネス英文Eメールの基本公式30

ビジネス現場の英文Eメール作成術

DAISUKE SUZUKI
鈴木 大介

はじめに

　この本を書こうと思い立ったきっかけは、自分の英語の学習歴にあります。学生時代から英語は好きで、予備校の大学別模擬試験では全国2番を獲得したこともありました。しかし大学生になって受けた初めてのTOEICは400点と撃沈。その後頑張ってTOEIC600点台まで持っていくも、会話が全くできないことに危機感を覚え、一念発起してロンドンに語学留学。英会話は何となくできているつもりでしたが、某家電メーカーの海外事業部での業務を経験する中で、英文Eメールに苦労したことをきっかけに、**ビジネスの現場で英文を「書く」ということは、会話と全く別の力が求められるもの**だと気づきました。最初は初歩的なことも全くわかりませんでしたし、紛らわしい言い回しをしたことで正しく意味が相手に伝わらず、トラブルを生んでしまうことも多々ありました。なぜかというと、これまでTOEICや英会話の勉強をしたことはあっても、ビジネス英文を書くことを学んだことはなかったからです。

　「これではいけない」と市販の例文集もいろいろ試しましたが、**参考書に載っている英文を、自分の取引先との例にあてはめることがなかなか難しく**、結局は面倒くさくなってうまく使いこなせませんでした。これは**自分で英文を組み立てるコツがわかっていなかったから**だと今にして思います。

そんな私が、**仕事で年間約 5000 件の英文 E メールを処理していく中で培ったノウハウ**を、本書の中で公開することで、昔の自分と同じようにビジネス英文Eメールのライティングで困っている方のお役に立てるのではないかと思いました。

　本書の特徴は 3 点あります。
1）30 文例に絞り込んだ例文
　本書では、文例を日々の業務に最低限必要な 30 個に絞り込みました。例えばこれまで国内市場で活躍していた人が、来月から異動になり、いきなり海外向けに E メールでやり取りをしろと言われたとしても、とりあえずこの 30 文例があればルーチンワークは何とかなります。例文集とは違って、**皆さんがご自分で英文を組み立てられるようになるために**、英文の解説に力を入れました。

2）英語脳を身につけよう
　各 E メールの文例から 2 つほどキーとなる文を取り上げ、解説を加えました。
　英文を書く難しさの 1 つに、**日本語と英語のメカニズムの違い**があります。日本語ははっきりと主語や述語を述べないことが多い言語ですので、**日本語をそのまま英訳しようとすると、うまくいかないことがよくあります**。こういう場合は**日本語を別の日本語に読み替えた上で英語に直し、主語と動詞を決めていく**ことがコツです。
　また、E メールにはよく使われる決まり文句のようなものが

あります。

　この解説で紹介した言い回しを覚えれば、Eメールが自分でも書けるようになってきます。

3）ドリルで練習しよう

　英文の書き方や決まり文句が何となくわかったとしても、実際に使ってみないことにはなかなか頭には残りません。コピー＆ペーストで日頃のメール作成に役立てるのももちろん良い方法なのですが、やはり一度は**自分の手で書いてみることで記憶に残りやすくなります**。そのために、**文例で出てきた英文がおさらいできるドリル**を用意しました。

　以上のように、**本書は単なる例文集ではなく、自分で英文を組み立てられるようになることを目的としています**。そのため、**例題の数は最低限に抑え、英文解説とドリルに力を入れました**。本書に取り組んでいただいた上で、もっと参考例がほしくなったという方は、いわゆる例文集のようなものも参照していただければ、より内容が理解できて自分のケースにあてはめることができるようになっているはずです。オススメ本についてはコラムでも紹介していますので、参考にしてください。

　海外とやり取りをする機会がますます増えている現状のビジネスシーンにおいて、正確なEメールの重要性は増しています。この本が英文Eメール作成の道しるべとなり、読者の方が英語での情報発信力を高めるための一助となれば幸いです。

本書の使い方

本書の基本的な使い方を紹介します。
1テーマは6ページで構成されています。

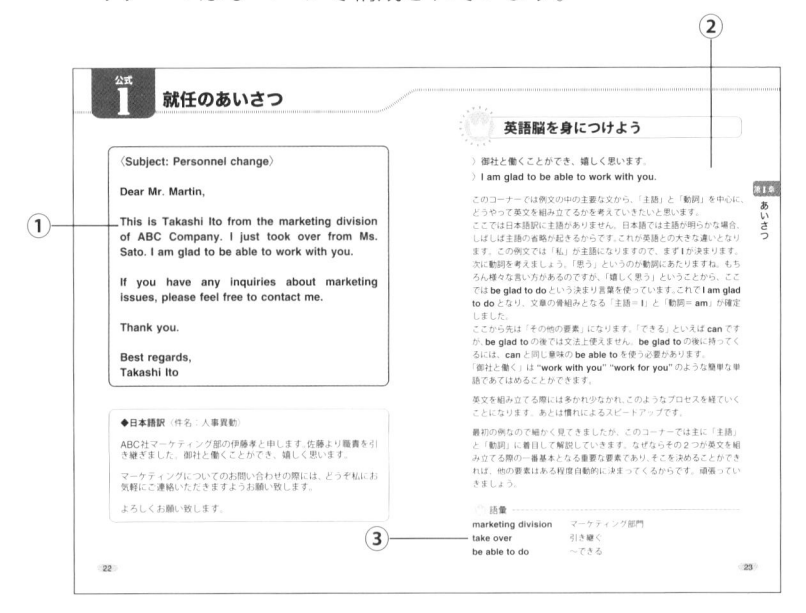

① 文例（英文・日本語訳）

公式1から公式30まで、日々の業務にすぐに役立つ厳選した30のEメールの文例を掲載しています。上に英文を、下に日本語訳を載せています。日本語訳では、繰り返しとなる宛名（Dear ～）、結辞（Best regards, 等）、署名（送信者の名前）は省略してあります。

② **英語脳を身につけよう** ここがポイント！

本書の特徴となるページです。**英語を書くための発想**ができるように解説しています。

英文Eメールを書くということは、伝えたい日本語を英語に変換するということです。そのためには、まずは**英語と日本語の仕組みの違い**を理解しなければいけません。例えば日本語ではわかりきった主語がしばしば省略されるのに対して、**英語は一部の例外を除き、まず主語が必要です**。日本語は語順も比較的自由ですが、**英語では主語の次には動詞が来ます**。このような文の成り立ちの違いに触れ、英語の発想に慣れることがここでの狙いです。

また、Eメールではたくさんの**定型表現（決まり文句）**が使われます。これは**英文を素早く正確に処理するため**です。このような決まり文句については、そういうものとして覚えておくと、英文が書きやすくなります。

この項目では、文例の英文から、鍵となる1つ〜2つの文を取り上げ、「**主語と動詞がどうなっているか**」「**何が定型表現なのか**」の解説を加えています。**このような英文の仕組みを理解することで、コピー＆ペーストに頼るだけでは身につけることが難しい「英文を作成するためのコツ」を身につけることができます。**

③ **語彙**

例文に出てきた重要単語・フレーズを記載しています。

就任のあいさつ

重要表現

* Please do not hesitate to contact me.
  どうぞお気軽にご連絡ください。

④ * I will be transferred to Tokyo headquarters on April 1st.
  4月1日付で東京本社に転勤になります。

* I took over Ms. Sato's position as sales manager.
  営業課長としての佐藤の職務を引き継ぎました。

* I will be working on quality assurance in the new department.
  新しい部署では品質保証についての業務を行う予定です。

ドリル　書いて覚えよう！

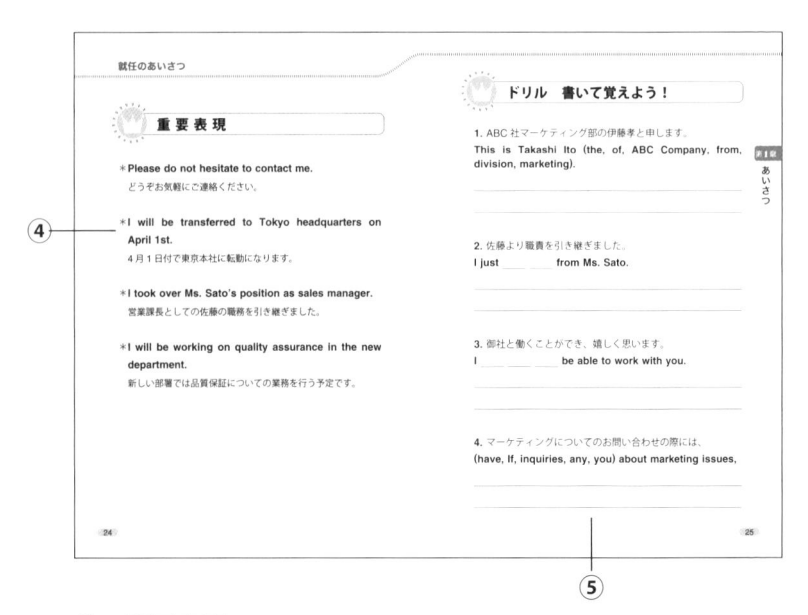

1. ABC 社マーケティング部の伊藤孝と申します。
This is Takashi Ito (the, of, ABC Company, from, division, marketing).

2. 佐藤より職責を引き継ぎました。
I just _____ from Ms. Sato.

3. 御社と働くことができ、嬉しく思います。
I _____ be able to work with you.

4. マーケティングについてのお問い合わせの際には、
(have, If, inquiries, any, you) about marketing issues,

⑤

④　重要表現

　本文では取り上げられなかった、その他の重要表現を紹介します。各テーマにつき、4つ掲載しています。作成するEメールの内容に応じて、使いやすいものを選んでお使いください。

⑤　ドリル　書いて覚えよう！

　①の「文例」の中から、4つの文や言い回しを取り上げています。各文は、一部語順を並び替えたり、空欄になっていたりしますので、①で正解を確認してみてください（一部、④「重要表現」の表現も載せています）。

　ここで気をつけてほしいのが、「最初から正解を確認しながら進める」ということです。完璧に解こうとして、正解を見ず

に頑張ろうとすると、途中で嫌になってしまいがちです。それよりも、最初は正解を見ながらドリルに書き込むというスタイルで構いません。各文にはそれぞれ 2 回分の書き込みスペースを設けてあります。

　もちろん E メールは、実際にはキーボードで入力するわけですが、実際にペンを動かすことで、より記憶に定着します。ですので、ここは面倒でも紙相手に練習してみてください。本に直接書き込むことに抵抗がある方は、別のノートに書き出してもよいかもしれません。そのノートには気になった表現を書きためていくと、ゆくゆくは自分だけのオリジナル例文集にもなります。

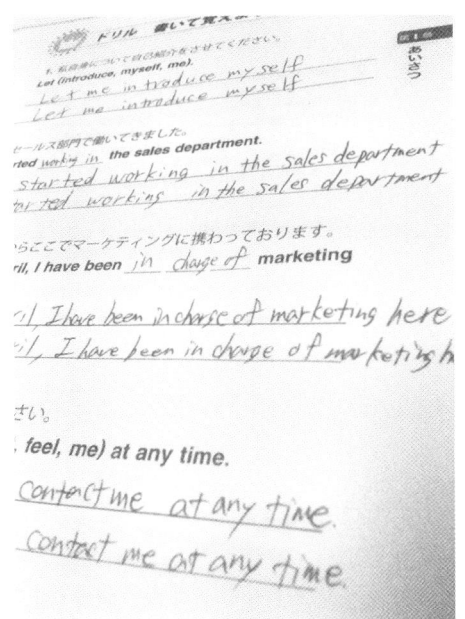

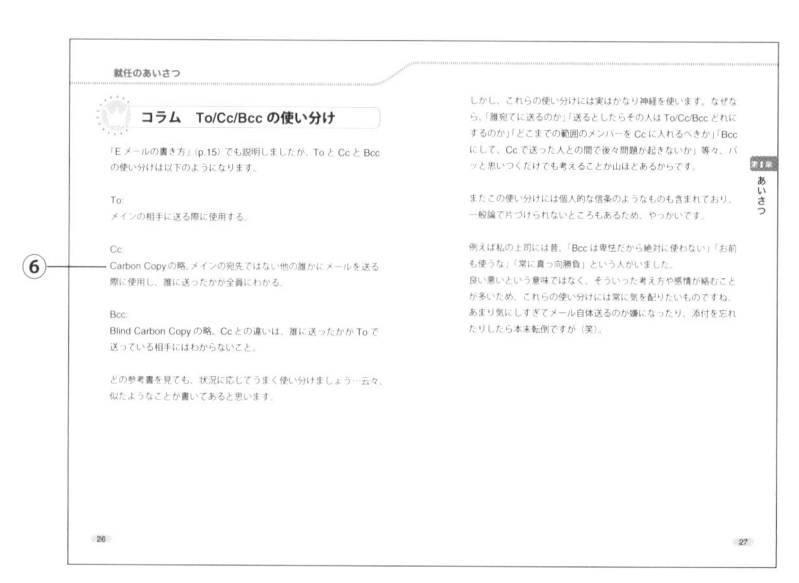

⑥ コラム

コラムはEメールに関するテーマから、筆者の失敗談やオススメ勉強道具の紹介など、コーヒーブレイクのような内容まで取り上げました。失敗談はかなり恥ずかしいものもありますが、皆様の何かの参考になるかもしれないと思い、あえてご紹介しています。勉強の合間にでもどうぞご覧ください。

また「英語脳を身につけよう」のコーナーで解説しきれなかった文法事項について取り上げ、例題を用いたりしながらさらに詳しく解説しています。こちらはEメールを書く際に参考にしていただければと思います。

明日香出版社のホームページから、本書の①文例と④重要表現がダウンロードできます。日頃のEメール作成にご活用ください。
http://www.asuka-g.co.jp/book/language/en-business/005717.html

もくじ

本書の使い方
Eメールの書き方

第1章　あいさつ
公式1　就任のあいさつ　Personnel change　22
　◆コラム　To/Cc/Bccの使い分け　26
公式2　自己紹介　My introduction　28
　◆コラム　添付ファイルには注意　32
公式3　退職のあいさつ　My last day　34
　◆コラム　bread and butter　38

第2章　日常業務
公式4　問い合わせ（商品）　Inquiry about A-product　42
　◆コラム　相手の性別がわからない場合（署名欄の例）　46
公式5　問い合わせ（商品）に対する返答　Re: Inquiry about A-product　48
　◆コラム　アメリカ英語、イギリス英語　52
公式6　問い合わせ（在庫）　K-model availability　54
　◆コラム　Eメール上達のために　58
公式7　問い合わせ（在庫）に対する返答　Re: K-model availability　60
　◆コラム　私の失敗例：英字新聞　64
公式8　問い合わせ（価格）　Price inquiry　66
　◆コラム　非ネイティブの英語　70

公式9　問い合わせ（価格）に対する返答　Re: Price inquiry　*72*
　◆コラム　TOEIC SWテストとは？　*76*

公式10　納期の案内　Delivery schedule　*78*
　◆コラム　勉強法・質問あれこれ　*82*

公式11　納期の遅れ　Apology for delivery delay　*84*
　◆コラム　中東の貿易拠点　ドバイ　*88*

公式12　納期の遅れに対する返答　Re: Apology for delivery delay　*90*
　◆コラム　英訳に戸惑う日本語　*94*

公式13　価格の交渉　Request for price reconsideration　*96*
　◆コラム　私の失敗例：Eメールの書き方　*100*

公式14　価格の交渉に対する返答　Re: Request for price reconsideration　*102*
　◆コラム　Googleを使った英文校正　*106*

公式15　代金の請求　Request for payment　*108*
　◆コラム　略語について　*112*

公式16　代金の請求に対する返答　Re: Request for payment　*114*
　◆コラム　オススメ・ガジェット　Vol.1　*118*

公式17　返事の催促　Reminder about quotation　*120*
　◆コラム　オススメ・ガジェット　Vol.2　*124*

公式18　クレーム　Deficiency regarding order No. 112　*126*
　◆コラム　オススメ・ガジェット　Vol.3　*130*

公式19　クレーム対応　Re: Deficiency regarding order No. 112　*132*
　◆コラム　ビジネスEメールの英文法①　文型　*136*

公式20　新商品の案内　Announcement of new model　*138*
　◆コラム　ビジネスEメールの英文法②　関係代名詞1（主格と目的格）　*142*

公式21　連休の案内　Notification of holiday dates　*146*
　◆コラム　ビジネスEメールの英文法③　関係代名詞2（whatとthat）　*150*

第3章　出張関係

公式22　出張日程　Suggested schedule for my business trip　*154*
　◆コラム　ビジネスEメールの英文法④　関係代名詞3(非制限用法)　*158*
公式23　ホテルの予約依頼　Request for hotel arrangement　*160*
　◆コラム　ビジネスEメールの英文法⑤　受け身の形(be動詞＋過去分詞)　*164*
公式24　フライト情報の連絡　Request for airport pickup　*166*
　◆コラム　ビジネスEメールの英文法⑥　過去形と現在完了形の使い分け　*170*
公式25　不在のお知らせ　Out of office　*172*
　◆コラム　ビジネスEメールの英文法⑦　分詞構文　*176*
公式26　出張後のお礼　Thanks for a great visit　*178*
　◆コラム　ビジネスEメールの英文法⑧　前置詞の使い分け(byとuntil)　*182*

第4章　会議関係

公式27　会議の開催案内　Notification of meeting　*186*
　◆コラム　ビジネスEメールの英文法⑨　前置詞と接続詞の区別　*190*
公式28　アジェンダの送付　Agenda for meeting　*192*
　◆コラム　仕事が終わったら遊びに行こう　*196*
公式29　日時の変更　Meeting postponed　*198*
　◆コラム　Eメールは気合いだ!!!　*202*
公式30　議事録　Minutes of the meeting on July 2nd　*204*
　◆コラム　オススメの参考書　*208*

おわりに　*210*

カバーデザイン：神部えり

Eメールの書き方

To: _____ ①
Cc: _____
Bcc: _____
件名 : _____ ②

Dear Mr. Yamada, ③

_____

_____

_____

_____ ④

Best regards, ⑤
Daisuke Suzuki ⑥

_____

Daisuke Suzuki
Marketing Manager ⑦
ABC Inc.

① **To/Cc/Bcc**

To: 「宛先」
　　Eメールを送る相手のアドレスをここに入れます。

Cc: 「Carbon Copy　シーシー、写し」
　　宛先以外で、Eメールの内容を共有したい人のアドレスを入れます。
　　誰にそのEメールが送られているか、送られた全員が見ることができます。

Bcc:「Blind Carbon Copy　ビーシーシー」
　　Ccと同じく、宛先以外にEメールを送る際に使用します。Ccとの違いは、本人以外には誰にそのEメールが送られたか見ることができないということです。取引先をまたいで配信するときなど配慮が必要な際に使います。（関連コラム p.26）

② **件名（Subject）**

　必ずしも文法的に正しい必要はありません。簡潔に用件を入れましょう。急ぎのときに URGENT!（緊急！）とつけたりするのも1つの手ですが、使い過ぎて「いざ」というときの信用度が落ちないように気をつけてください。

③ 敬辞（Salutation）

　日本語のレターでは「拝啓」にあたる部分です。一般的にはDearで始め、「Mr./Mrs./Ms. 名字 ,」と続けます。

　既に何度もやり取りをしているような親しい相手には名前（ファーストネーム）で呼びかけることもありますが、その場合、英語では「Mr./Mrs./Ms. ファーストネーム ,」とは書きませんのでご注意ください。

例）John Smith 氏に送るとき
　　Dear Mr. Smith,　　○
　　Dear Mr. John,　　×
　　Dear John,　　　　○

〈その他の表現〉

　初めてEメールを送るときに担当者や性別がわからない場合や、会議の案内などを不特定多数に送る場合などは以下のような表現を使います。

　　拝啓　　　Dear Sir or Madam,
　　関係各位　To whom it may concern,

④　本文（Body）
〈前文〉

　日本語のレターでは前文として、「拝啓」の後に時候の挨拶、例えば「残暑の候、貴社ますますご盛栄の〜」といった文章を入れます。その後に「平素は格別のご高配を賜り誠にありがとうございます」「いつも大変お世話になっております」などのあいさつが続き、それから「さて、」などの起語が来て、ようやく本文が始まるのが一般的なスタイルです。もちろん「前略」として前文を省くこともありますし、前文がなくてもEメールとしては成り立ちます。ですが、やはりある程度フォーマルな内容であれば、前文は省くと何となく違和感を受けます。受け取る側によっては前文がないことは失礼な文章だというように感じるかもしれません。日本語の場合は、このように少しずつ相手との関係を深めていって最後に結論を述べる、言わばボトムアップ（積み上げ型）の文章になります。

　一方、**英語は結論を先に述べるトップダウン型**の文章が一般的です。従って英文Eメールを書く場合には、日本語の前文にあたる部分は省いても構いません。もちろん英文であってもEメールは人と人とのやり取りですので、相手や用件によってはいきなり用件から入らずに、あいさつなどを入れることはあります。ただしその場合も、日本語のときよりはずっと簡潔なものになるのが通例です。

〈「目的」→「内容」の順に書く〉

 それではどのように書き始めるかということですが、まずは**「何のためにこの E メールを書いているのか」**その目的をはっきりさせます。

 そのためには「I am writing to inform you that 〜」直訳すると「〜をあなたにお伝えするために（この E メールを）書いています」のような**決まり文句を使うのが効果的**です。E メールを書くためにはこのような便利な表現がいくつもありますので、本書の中でも紹介していきます。その後で伝えたい内容を続けていくようにすると、たとえ本文の英語に多少つたない部分があっても、相手には伝わりやすくなります。

 内容については**結局相手にどうしてほしいのか、丁寧にかつはっきりと示す**ようにします。英語圏の文化では行間を読むということはほとんどありませんので、ここをあいまいにしてしまうと相手に動いてもらえなかったり、誤解を生む原因となってしまいます。

 最後に日本語では「よろしくお願い致します」にあたる部分ですが、ここは一般的には Thank you. を始めとするポジティブな感謝の言葉で締めくくります。

⑤ 結びの言葉（Complimentary Close）

 「結辞」と呼ばれる結びの言葉で締めくくります。これは日本語の「敬具」にあたるものです。

 代表例を挙げると次のような言葉があります。上が改まった場面で使う言葉、下がカジュアルなやり取りに使う言葉です。

〈代表例〉
　　　フォーマル　　　　Yours faithfully,
　　　　　　　　　　　　Sincerely yours,
　　　　　　　　　　　　Sincerely,

　　　　　　　　　　　　Best regards,/Regards,
　　　カジュアル　　　　Best wishes,/All the best,

　一般的なやり取りでは Best regards, あたりがよく使われます。改まったメールやビジネスレターでは Sincerely yours, などが使われます。
　Best wishes, などは友達同士のメールという感覚ですので、ビジネスの場面ではあまり使わないほうが無難です。

⑥　署名（Signature）

　基本的にはフルネームでサインをします。相手との間柄が親しく、書き出しのところで「Dear ＋ファーストネーム ,」で呼びかけているときには、名字はなく名前だけでもよいでしょう。

⑦　署名欄（Signature Block）

　一般的なメールソフトでは署名の設定ができると思いますので、毎回書く必要はないはずです。ただし、組織名の変更や電話番号の変更があった場合には忘れずに直すようにしましょう。（関連コラム p.47）

第1章
あいさつ

1　就任のあいさつ
2　自己紹介
3　退職のあいさつ

公式 1 就任のあいさつ

〈Subject: Personnel change〉

Dear Mr. Martin,

This is Takashi Ito from the marketing division of ABC Company. I just took over from Ms. Sato. I am glad to be able to work with you.

If you have any inquiries about marketing issues, please feel free to contact me.

Thank you.

Best regards,
Takashi Ito

◆**日本語訳**〈件名:人事異動〉

ABC社マーケティング部の伊藤孝と申します。佐藤より職責を引き継ぎました。御社と働くことができ、嬉しく思います。

マーケティングについてのお問い合わせの際には、どうぞ私にお気軽にご連絡いただきますようお願い致します。

よろしくお願い致します。

英語脳を身につけよう

〉御社と働くことができ、嬉しく思います。
〉**I am glad to be able to work with you.**

このコーナーでは例文の中の主要な文から、「主語」と「動詞」を中心に、どうやって英文を組み立てるかを考えていきたいと思います。

ここでは日本語訳に主語がありません。日本語では主語が明らかな場合、しばしば主語の省略が起きるからです。これが英語との大きな違いとなります。この例文では「私」が主語になりますので、まず **I** が決まります。次に動詞を考えましょう。「思う」というのが動詞にあたりますね。もちろん様々な言い方があるのですが、「嬉しく思う」ということから、ここでは **be glad to do** という決まり言葉を使っています。これで **I am glad to do** となり、文章の骨組みとなる「主語= **I**」と「動詞= **am**」が確定しました。

ここから先は「その他の要素」になります。「できる」といえば **can** ですが、**be glad to** の後では文法上使えません。**be glad to** の後に持ってくるには、**can** と同じ意味の **be able to** を使う必要があります。

「御社と働く」は "**work with you**" "**work for you**" のような簡単な単語であてはめることができます。

英文を組み立てる際には多かれ少なかれ、このようなプロセスを経ていくことになります。あとは慣れによるスピードアップです。

最初の例なので細かく見てきましたが、このコーナーでは主に「主語」と「動詞」に着目して解説していきます。なぜならその2つが英文を組み立てる際の一番基本となる重要な要素であり、そこを決めることができれば、他の要素はある程度自動的に決まってくるからです。頑張っていきましょう。

語彙

marketing division	マーケティング部門
take over	引き継ぐ
be able to do	〜できる

第1章 あいさつ

就任のあいさつ

重要表現

＊**Please do not hesitate to contact me.**
どうぞお気軽にご連絡ください。

＊**I will be transferred to Tokyo headquarters on April 1st.**
4月1日付で東京本社に転勤になります。

＊**I took over Ms. Sato's position as sales manager.**
営業課長としての佐藤の職務を引き継ぎました。

＊**I will be working on quality assurance in the new department.**
新しい部署では品質保証についての業務を行う予定です。

ドリル 書いて覚えよう！

1. ABC社マーケティング部の伊藤孝と申します。

This is Takashi Ito (the, of, ABC Company, from, division, marketing).

2. 佐藤より職責を引き継ぎました。

I just ____ ____ from Ms. Sato.

3. 御社と働くことができ、嬉しく思います。

I ____ ____ ____ be able to work with you.

4. マーケティングについてのお問い合わせの際には、

(have, If, inquiries, any, you) about marketing issues,

コラム　To/Cc/Bcc の使い分け

「E メールの書き方」（p.15）でも説明しましたが、To と Cc と Bcc の使い分けは以下のようになります。

To:
メインの相手に送る際に使用する。

Cc:
Carbon Copy の略。メインの宛先ではない他の誰かにメールを送る際に使用し、誰に送ったかが全員にわかる。

Bcc:
Blind Carbon Copy の略。Cc との違いは、誰に送ったかが To で送っている相手にはわからないこと。

どの参考書を見ても、状況に応じてうまく使い分けましょう…云々、似たようなことが書いてあると思います。

しかし、これらの使い分けには実はかなり神経を使います。なぜなら、「誰宛てに送るのか」「送るとしたらその人はTo/Cc/Bccどれにするのか」「どこまでの範囲のメンバーをCcに入れるべきか」「BccにしてCcで送った人との間で後々問題が起きないか」等々、パッと思いつくだけでも考えることが山ほどあるからです。

またこの使い分けには個人的な信条のようなものも含まれており、一般論で片づけられないところもあるため、やっかいです。

例えば私の上司には昔、「Bccは卑怯だから絶対に使わない」「お前も使うな」「常に真っ向勝負」という人がいました。
良い悪いという意味ではなく、そういった考え方や感情が絡むことが多いため、これらの使い分けには常に気を配りたいものですね。
あまり気にしすぎてメール自体送るのが嫌になったり、添付を忘れたりしたら本末転倒ですが（笑）。

公式 2 自己紹介

〈Subject: My introduction〉

Dear Mr. Smith,

Let me introduce myself. I joined ABC Company in 2000 and started working in the sales department. Then, since this April, I have been in charge of marketing here.

If you have any questions, please feel free to contact me at any time.

With best regards,
Yuji Takagi

◆**日本語訳**〈件名:自己紹介〉

私自身について自己紹介をさせてください。私は2000年にABC社に入社致しまして、セールス部門で働いてきました。その後、この4月からここでマーケティングに携わっております。

何かご質問等がございましたら、いつでもお知らせください。

英語脳を身につけよう

> 私は 2000 年に ABC 社に入社致しまして、セールス部門で働い
> てきました。
> I joined ABC Company in 2000 and started working in
> the sales department.

日本語訳は 1 文ですが、英語ではこの場合、2 文に分けて考えたほうがシンプルですね。
最初の文は、「私は＝ I」（主語）、「入社した＝ join」（動詞）で組み立てます。2 文目は、「私は＝ I」（主語）、「働く＝ work」（動詞）ですが、入社して働き始めたというニュアンスを出すために「始める＝ start」という動詞を一緒に使って、「started working」としています。

> その後、この 4 月からここでマーケティングに携わっております。
> Then, since this April, I have been in charge of
> marketing here.

日本語では話の流れから主語が省略されてしまいますが、英文では I が必要です。動詞にあたる「携わっている」という部分は、「担当している」という意味で TOEIC 頻出語でもある be in charge of で表します。ここでは 4 月から継続的に働いているということを表すために、be 動詞は現在完了形の have been にしています。

このような継続を表す文脈で「〜から」という期間を表すためには、since を使うのが自然ですので、「この4月から」は since this April となります。

語彙

Let me introduce myself	自己紹介させてください
be in charge of	〜の担当である
feel free to do	気軽に〜する

自己紹介

重要表現

* **My name is Takashi Kimura and I work in the sales department of A Company.**

  私の名前は木村隆です。A社の営業部で働いています。

* **I was given your email address by my predecessor Ms. Sato.**

  あなたのEメールアドレスは前任者の佐藤から伺いました。

* **I majored in commercial science at university, so I am good at designing effective strategies.**

  大学では商学を専攻しましたので、効果的な戦略立案を得意としております。

* **Should you have any questions, please contact us at any time.**

  もしもご質問等がございましたら、いつでも我々にお知らせください。

ドリル　書いて覚えよう！

1. 私自身について自己紹介をさせてください。

Let (introduce, myself, me).

_____

_____

2. セールス部門で働いてきました。

I started _____ _____ the sales department.

_____

_____

3. この４月からここでマーケティングに携わっております。

Since this April, I have been _____ _____ _____ marketing here.

_____

_____

4. いつでもお知らせください。

Please (free, to, contact, feel, me) at any time.

_____

_____

自己紹介

コラム　添付ファイルには注意

添付ファイルには注意が必要です。

①添付忘れ
一番多いのが、Please find the attached.（添付をご覧ください）と書いておきながら添付をし忘れる、というパターンです。たいていの人はメールを書くことに集中していますので、書き上げたときには一瞬気が抜けてしまうことがあるようです。
添付忘れはかなり恥ずかしい思いをしますし、何より忙しい相手に対して失礼になります。

クオリティの高い生活を楽しみたい人に向けたライフハック情報サイト『Tokyo ハッカー』http://www.tokyohacker.com/ では次の防止策を提案しています。

1. 宛先は送信前に入力する
2. Gmail の「添付忘れ防止アラート」を使う
3. Gmail の「送信取り消し」機能を使う

1 は、メールを書くよりも先に宛先を入力しておくと、メールを書いたことに満足してそのまま送信してしまいがちです。本文を書いて、宛先を後で入力すると、添付忘れを防ぐことができます。
2 は既にデフォルトで対応するようになっています[1]。本文中に「添付」という言葉があるのに添付ファイルがついていない場合、送信ボタンを押すとアラームが出ます。

3はGmailをお使いの場合はぜひ試してほしい素晴らしい機能です。送信後、最大30秒[2]までの間なら、送信を取り消すことができます。

最終的には地道なチェックで防いでいきましょう。

②容量

日本を始め、先進諸国においてはブロードバンドの整備が進み、かなり大きなファイルでも送受信可能になってきています。しかしながら、海外の多くの地域に関してはまだまだ十分とは言えません。場合によっては相手に迷惑をかけたり、サーバーの制限でそもそも送れなかったり、といったことも起こり得ます。
そこで重要になってくるのがファイルの容量です。圧縮するのは基本中の基本として、ExcelやPowerPointであれば、以下のような工夫でもファイルサイズは小さくすることができます。

Excel：数値と値のみコピー＆ペーストして、計算式は抜いてしまう
PowerPoint：ファイルを分割する、図を圧縮する

また、『宅ふぁいる便』は会員登録（無料）で100MBまでファイルを送ることができるので、利用してみるのも手かもしれません[3]。

『宅ふぁいる便』
http://www.filesend.to/

1）2011年6月現在
2）デフォルトでは10秒です。詳しい設定方法はヘルプ等を参照してください。
3）会社によってはこのようなFTPサービスを禁止しているところもあるかもしれませんので、使用については自己責任でお願いします。事前に社内の関係者や送付相手に、このようなサービスを使用してもよいか確認したほうがよいでしょう。

公式 3 退職のあいさつ

〈Subject: My last day〉

Dear Mr. Parker,

I am writing to inform you that March 31st will be my last working day at our company. I would like to take this opportunity to express my appreciation for your support over the years.

Mr. Watanabe will take over my position after this date. Please kindly keep supporting him as well as you have always done with me.

Sincerely yours,
Ryoko Takahashi

◆日本語訳 〈件名:お世話になった方々へ〉

3月31日は私の最終出社日となることをお知らせ致します。この機会に、長年に渡る皆様のご協力に感謝申し上げます。

今後は渡辺が引き継ぎます。どうぞ私の時と変わらぬサポートを彼にお願い致します。

英語脳を身につけよう

> 3月31日は私の最終出社日となることをお知らせ致します。
> I am writing to inform you that March 31st will be my
> last working day at our company.

まず主節の主語と動詞を決めましょう。この文章の場合、主語は何でしょうか？ 日本語訳では省略されてしまっていますが、このお知らせをしているのは誰でしょう？ そう、自分ですね。ですので、「私は＝I」が最適でしょう。「～するために書く」という定型文 **am writing to** に続いて、「お知らせする」は **inform** を使います。次に「3月31日は～」の部分ですが、ここは既にこの日本語訳に主語と動詞が含まれています。よって「3月31日」を主語、未来のことですから **will be** を動詞に用います。この2つの文を接続詞 **that** でつなぐことで、文章を組み立てます。

> この機会に、長年に渡る皆様のご協力に感謝申し上げます。
> I would like to take this opportunity to express my
> appreciation for your support over the years.

ここでも感謝しているのは自分ですよね。よってまず主語は I とします。「この機会に」の部分を、「この機会を取り上げたい」と読み替えることで **take** を動詞と決めます。**take** がパッと出てくるように、**take this opportunity** というかたまりを覚えておくことがコツです。
あとはどんな **opportunity** かということを、**to** 不定詞を使って説明を加えていくと完成です。**would like to** を使って丁寧な表現にすることも忘れずに。

語彙

take this opportunity to do	この機会に～する
appreciation	感謝
A as well as B	B 同様に A も

退職のあいさつ

重要表現

＊**I will be resigning from ABC Company on Mar. 31st.**
3月31日付でABC社を退職する予定です。

＊**I wish you and your family all the very best for the future.**
あなたとご家族に最大のご幸運をお祈りしています。

＊**Thank you for all your help and support.**
これまでお世話になり誠にありがとうございました。

＊**I would like to ask for your continual support in the future.**
今後とも何卒よろしくお願い致します。

ドリル　書いて覚えよう！

1. 3月31日は私の最終出社日となることをお知らせ致します。

I ____ ____ ____ inform you that March 31st will be ____ ____ ____ day at our company.

2. この機会に、長年に渡る皆様のご協力に感謝申し上げます。

I would like to (this, take, opportunity) to express my appreciation for your support over the years.

3. 今後は渡辺が引き継ぎます。

Mr. Watanabe will (over, my, take, position) after this date.

4. どうぞ私の時と変わらぬサポートを彼にお願い致します。

Please kindly keep supporting him as well as ____ ____ ____ ____ with me.

退職のあいさつ

コラム　bread and butter

日頃英語のEメールでやり取りをしていると、自分の知らない面白い表現に出くわすことがあります。

取引先（UAEドバイ）のインド人とメールのやり取りをしていたときのこと。その中で彼の使っていた英語表現をご紹介します。

This model is our bread and butter.
（直訳すると「この製品は我々のパンとバターです」）

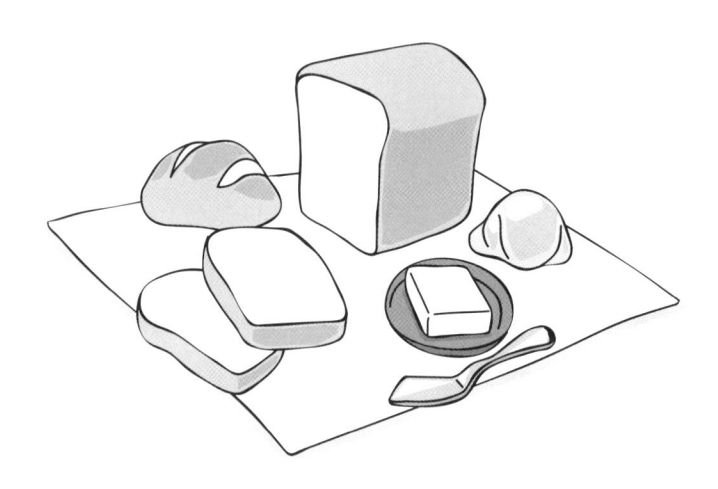

ドバイの美味しいパン紹介!! ではありません。

パンとバター、つまり「欧米人にとってなくてはならない主食」ということから転じて、

「生活を支えるもの」「収入のもと」といったような意味で使われます。

つまり先ほどの文は、「この製品は我々の商売を支えるものだ」といった意味で使われたものですね。

このときは、ちょうど一番売れ筋の商品が生産中止になるかならないかという議論をしている最中だったので、このような表現が出てきました。

正直、インド人だから「カリーand ナンちゃうんかー!?」と思ったのですが、おかげで1つ表現を覚えました。

第2章
日常業務

- 4 問い合わせ（商品）
- 5 4に対する返答
- 6 問い合わせ（在庫）
- 7 6に対する返答
- 8 問い合わせ（価格）
- 9 8に対する返答
- 10 納期の案内
- 11 納期の遅れ
- 12 11に対する返答
- 13 価格の交渉
- 14 13に対する返答
- 15 代金の請求
- 16 15に対する返答
- 17 返事の催促
- 18 クレーム
- 19 クレーム対応
- 20 新商品の案内
- 21 連休の案内

公式 4 問い合わせ(商品)

> 〈Subject: Inquiry about A-product〉
>
> Dear Steven,
>
> Thank you for your daily cooperation.
>
> I am interested in some of your new products. Could you let me know the specification of the A-product?
>
> Does it have a HDMI port? And how about video out?
>
> I appreciate your prompt reply.
>
> Best regards,
> Alice

◆**日本語訳**〈件名:A製品の問い合わせ〉

日頃のご協力ありがとうございます。

御社のいくつかの新製品に興味を持っています。A製品の仕様について教えていただけないでしょうか。

HDMI端子はありますか? またビデオ端子はいかがでしょうか。

早めにお返事をいただければ幸いです。

英語脳を身につけよう

> A製品の仕様について教えていただけないでしょうか。
> **Could you let me know the specification of the A-product?**

let me know は決まり文句で、「私に〜をお知らせください」という意味です。
「〜を」にあたる文がその後に続きます。ここではスペックについてです。

> HDMI端子はありますか？
> **Does it have a HDMI port?**

主語はA製品を表す **it**、動詞は **have** を使います。中学校で習ったように、**Does** を使って疑問文を作りましょう。

> 早めにお返事をいただければ幸いです。
> **I appreciate your prompt reply.**

主語は私で **I**、動詞は「幸いです」を「感謝します」と読み替えて **appreciate** となります。
この表現は決まり文句としても使える表現ですので、覚えておくと便利です。ただし、このシーンのように、相手の返答よりも前に使うと相手に催促する意味にもなりますので、相手や状況に応じて使い分けましょう。

語彙

inquiry	問い合わせ
How about 〜?	〜はどうですか？
appreciate	感謝する

問い合わせ(商品)

重要表現

* **I have some inquiries with regard to your products.**
  御社製品についていくつか質問がございます。

* **I am sorry for rushing you, but I need your reply by tomorrow.**
  急がせて申し訳ありませんが、明日までにご返答をお願いします。

* **I look forward to your reply.**
  お返事をお待ちしております。

* **Could you send us some brochures?**
  パンフレットを何部か送っていただけませんか?

ドリル　書いて覚えよう！

1. 日頃のご協力ありがとうございます。

Thank you (your, for, cooperation, daily).

_____

_____

2. A製品の仕様について教えていただけないでしょうか。

Could you _____ _____ _____ the specification of the A-product?

_____

_____

3. ビデオ端子はいかがでしょうか。

_____ _____ video out?

_____

_____

4. 早めにお返事をいただければ幸いです。

I (your, prompt, appreciate, reply).

_____

_____

問い合わせ（商品）

コラム　相手の性別がわからない場合（署名欄の例）

海外とEメールでやり取りをしているとき、「この人って男性なの？女性なの？」とわからなくなる名前の方が時々います。新しい担当の方らしく、周りに聞いてみても知っている人がいない…。

そんなときは -san づけにしてみるというのも 1 つの手です。

フォーマルな文書でしたら、もちろん時間を取ってでもきちんと調べたほうがよいでしょう。
でも、それほどでもない日常のやり取りくらいでしたら（日系企業でしたら）、-san づけで問題ないと思います。

逆に、自分が男性か女性か、名前だけ見て外国人にはわかりにくい場合は、署名欄に記載しておくのが親切です。

一般的に、署名欄は以下のようなフォームで記載します。

署名欄の例

Takumi Honda (Ms.)	名前
sales manager	役職
Overseas Sales Department	部署
JIL Inc.	会社名
1-10-1 Azabudai, Minato-ku	住所
Tokyo, Japan 106-0041	
Tel: +81 3-xxxx-xxxx	電話
Email: --------@Xmail.com	Eメール
URL: http://www.xxx.com/	URL

電話番号は日本の国番号 81 をつけ、市外局番の 0 を取ります（03 なら「3」）。

公式 5　問い合わせ(商品)に対する返答

⟨Subject: Re: Inquiry about A-product⟩

Dear Alice,

Thank you for your inquiry.

Unfortunately, product A does not have HDMI or video out. Instead of A, B-product in the same range has one HDMI port and one video out.

I hope this helps.

Best regards,
Steven

◆**日本語訳** 〈件名：Re: A 製品の問い合わせ〉

お問い合わせありがとうございます。

あいにくですが、製品 A は HDMI 端子とビデオ端子のどちらも備えておりません。A の代わりに、同じ部類の B 製品は HDMI 端子とビデオ端子を各 1 つ備えております。

これが解決になることを望みます。

英語脳を身につけよう

> あいにくですが、製品 A は HDMI 端子とビデオ端子のどちらも
> 備えておりません。
> Unfortunately, product A does not have HDMI or video
> out.

主語は product A（もしくは A-product）、動詞は簡単に have を使いましょう。ここは否定文ですので does not have となります。「どちらも〜ない」は A nor B で表すことができます。

> A の代わりに、同じ部類の B 製品は HDMI 端子とビデオ端子を
> 各 1 つ備えております。
> Instead of A, B-product in the same range has one
> HDMI port and one video out.

決まり文句の instead of A は押さえたい語ですね。主語と動詞は上の文とほぼ同じだと考えられますので、簡単ですよね？

> これが解決になることを望みます。
> I hope this helps.

主語は「私」、動詞は「望む」ですから hope が使えます。
この文章では I hope 以下にもう一度主語と動詞が出てくる構文になっています。2 つ目の主語は this。この this は、今書いているこの E メールの内容を指しています。「解決する」は help を使えば簡単です。

語彙

unfortunately	残念ながら
range	部類

問い合わせ(商品)に対する返答

重要表現

* **I would like you to give us a little more information about your products.**
  もう少し商品説明をお願いしたいのですが。

* **We are very sorry that it does not meet your request.**
  ご要望に添うことができずに申し訳ございません。

* **Please refer to our website for additional information.**
  詳細につきましては、どうぞ我々のウェブサイトもご参照ください。

* **For more information, please send me an email.**
  詳細につきましては、私までEメールをお送りください。

ドリル　書いて覚えよう！

1. お問い合わせありがとうございます。
Thank you (your, inquiry, for).

---

2. あいにくですが、製品 A は HDMI 端子とビデオ端子のどちらも備えておりません。
Unfortunately, product A ____ ____ ____ HDMI or video out.

---

3. A の代わりに、同じ部類の B 製品は HDMI 端子とビデオ端子を各 1 つ備えております。
Instead of A, B-product ____ ____ ____ has one HDMI port and one video out.

---

4. これが解決になることを望みます。
I (hope, helps, this).

問い合わせ(商品)に対する返答

コラム　アメリカ英語、イギリス英語

英語にはアメリカ英語とイギリス英語と言われるものがあり、それぞれ特徴があります。
このコーナーではEメールとTOEICに関するものをいくつか紹介します。

■ TOEIC
TOEICのリスニングセクションでは、アメリカ、カナダ（アメリカ英語）、イギリス、オーストラリア（イギリス英語）の4カ国のスピーカーによるナレーションが入ります。それまでの学習環境にもよりますが、一般的に日本の学校教育であまり耳にすることのないイギリス英語は、聞き取りづらいと感じる人も多いのではないでしょうか。

例えば、「計画」を意味するscheduleという言葉は、「スケジュール」と日本人同士での会話でも使われるくらい私たちの生活に浸透しています。ですが、ひとたびイギリス式の発音になると「シェジュール」に近い音になりますので、知らないと聞き逃してしまうかもしれません。

		アメリカ英語	イギリス英語
schedule	計画	[skédʒuːl]	[ʃédʒuːl]

詳しく知りたい方は、『イギリス英語でしゃべりたい！』（小川直樹／研究社）など、イギリス英語の発音について書かれた本を参照ください。

■ E メール

以下は E メールに関するアメリカ英語とイギリス英語の違いです。どちらを使っても間違いではありませんので、取引先や状況に応じて使い分けるとよいでしょう。ちなみに TOEIC ではこのような使い分けが問われることはありません。

〈結びの言葉（結辞）〉
アメリカ英語　　　イギリス英語
Sincerely yours, － Yours sincerely,　フォーマル／特定の人物宛
Faithfully yours, － Yours faithfully,　フォーマル／会社・部署宛

Best regards, Kind regards,　等は共通して使えます。

〈綴りの違う単語〉
アメリカ英語　　　イギリス英語
center　　　　　－　centre
realize　　　　　－　realise
color　　　　　　－　colour
program　　　　－　programme

公式 6 問い合わせ（在庫）

〈Subject: K-model availability〉

Dear Christine,

Good morning.

Could you tell me about availability of K-model? We would like to order 100 sets urgently.

If there are any in stock, please let us know the earliest delivery date. If not, please inform us when they will be available.

Best regards,
Caroline

◆**日本語訳**〈件名：Kモデルの在庫状況〉

おはようございます。

Kモデルの在庫状況を教えていただけますか？　急ぎ100セット注文したいと思います。

もしも在庫がありましたら、最速の出荷日程を教えていただけますでしょうか。もし在庫がなければ、いつ入手できるかお知らせください。

英語脳を身につけよう

> K モデルの在庫状況を教えていただけますか？
> Could you tell me about availability of K-model?

丁寧な依頼の方法もいくつか見てきましたが、ここでは Could you ～ ? を使ってみました。動詞は「教える」ですから tell が使えます。tell という動詞は、通常「tell ＋人＋物」という語順になります。

> もしも在庫がありましたら、最速の出荷日程を教えていただけますでしょうか。
> If there are any in stock, please let us know the earliest delivery date.

動詞「let ＋人＋動詞の原形」の形が使えます。「最速で」ということなので、比較の最上級の形である the earliest を用います。

語彙

availability	入手できること
urgently	急ぎで
in stock	在庫の

問い合わせ(在庫)

重要表現

* **Do you have these products in stock?**
  これらの商品は在庫として持ち合わせていますか？

* **Could you tell me how long it takes for the factory to produce 100 sets?**
  工場で100セット生産するのにどのくらい時間がかかるか教えていただけますか？

* **We would be grateful for your prompt reply.**
  迅速なお返事をいただけますと誠に幸いです。

* **When are you planning to discontinue this model and to launch its replacement?**
  この製品はいつ生産完了になって、代替品が発売される予定ですか？

ドリル　書いて覚えよう！

1. K モデルの在庫状況を教えていただけますか？
Could you (availability, about, tell, me) of K-model?

_____

_____

2. 急ぎ 100 セット注文したいと思います。
We _____ _____ _____ _____ 100 sets urgently.

_____

_____

3. もしも在庫がありましたら、最速の出荷日程を教えていただけますでしょうか。
If there are any in stock, please let us know _____ _____ _____ _____.

_____

_____

4. もし在庫がなければ、いつ入手できるかお知らせください。
If not, please inform us (will, available, be, when, they).

_____

_____

問い合わせ(在庫)

コラム　Eメール上達のために

突然ですが、どうすればEメールが上達するでしょうか？
真の実力を身につけるためにはたゆまぬ努力が必要です。私もコラムの中で紹介しているような方法を用いながら、日々修業中です。

しかしながらビジネスの現場での仕事の目的は「仕事を前に進めること」ですから、今うまく書けないからと言ってぐずぐずしているわけにはいきません。

そんなときは迷わずコピー＆ペーストでいきましょう。
本書も例文をコピペで使えるよう、Webに載せています。

http://www.asuka-g.co.jp/book/language/en-business/005717.html

それから、自分の周りのネイティブ、もしくは文章がうまい人の「この言い方いただき！」という表現を徹底的に盗むことです。

表現の一部を自分用に書き換えて使うことで、自分の伝えたいことを表現することが楽にできるようになってきます。中には先のコラムで紹介した bread and butter のような、やや特殊な表現もあるでしょうし、繰り返し使える定型的な表現、例えば I am writing to inform you that 〜「〜をお知らせします」のようなものもあるかもしれません。後者は意識してものにしてしまうことをお勧めします。

いいと思った表現を直接Eメールへコピー＆ペーストするのもいいですし、ぜひ本書のドリルにも取り組んでみてください。

定型表現を覚えて使うメリットには、①ミスが減ること、②書くスピードが速くなること、③決まった言い方を使えば済んでしまう内容はサクッと伝え、自分で組み立てなくてはならない英文と文章自体にエネルギーを集中することができるようになるということ、などがあります。

公式 7　問い合わせ（在庫）に対する返答

〈Subject: Re: K-model availability〉

Dear Caroline,

Thank you very much for your inquiry.

40 sets are currently in stock and they can be arranged as follows:

ETD March 3 Singapore
ETA March 20 Dubai

As for the rest of your order, as of today, we expect the ETD to be the end of this month.

Best regards,
Christine

◆**日本語訳**〈件名：Re: K モデルの在庫状況〉

お問い合わせ、誠にありがとうございます。

現在 40 セットが在庫となっておりますので、下記の通り手配可能です。
3/3　　Singapore　　出港
3/20　Dubai　　　　入港

残りの注文分につきましては、今日時点では、今月末に出荷可能となる見込みです。

英語脳を身につけよう

> 現在 40 セットが在庫となっておりますので、下記の通り手配可能です。

> **40 sets are currently in stock and they can be arranged as follows:**

in stock という定型表現を用いれば、主語は「40 セット」、動詞は be 動詞で十分内容を伝えることができますね。後半の **they** は 40 セットのことを指します。40 セットを主語にする場合は、動詞は「出荷される」という受け身の形になり、**can be arranged** となります。「我々」(**we**)を主語にする場合は、**can arrange them** [= **40 sets**] となります。

> 残りの注文分につきましては、今日時点では、今月末に出荷可能となる見込みです。

> **As for the rest of your order, as of today, we expect the ETD to be the end of this month.**

「〜について」という表現の 1 つに **as for** があります。その後に「**as of today** =今日時点で」をつけ加えておくと、「あくまで今日時点での見込みだ」ということを強調することができます。

ここでは会社として回答しているので、主語は **we**。動詞は「〜を見込む= expect」です。「**expect** + **A** + **to be** + **B**」の形にすることで「**A** が **B** になることを見込む」という意味で使うことができます。主語は we でなく I にすることも可能ですが、日常的にやり取りをする担当者間での E メールというニュアンスがあり、ややカジュアルな表現になります。

語彙

ETD [= **estimated time of departure**]　　出港予定時刻
ETA [= **estimated time of arrival**]　　入港予定時刻
as for　　〜について
as of today　　今日時点では

問い合わせ(在庫)に対する返答

重要表現

* **We are afraid what you inquired is out of stock at the moment.**

  申し訳ありませんが、お問い合わせいただいた商品は現在在庫切れです。

* **We regret to inform you that the item you requested is currently unavailable.**

  残念ながら、ご要望の商品は現在在庫がございません。

* **According to the latest schedule, next production is to be at the end of this month.**

  最新の(生産)計画によりますと、次回生産は月末になる予定です。

* **They are available right now, but unfortunately, delivery will be next month due to bad weather.**

  現在在庫はございますが、残念なことに悪天候により配送は翌月になる予定です。

ドリル　書いて覚えよう！

1. お問い合わせ、誠にありがとうございます。

Thank you very much ____ ____ ____.

---

2. 現在40セットが在庫となっておりますので、下記の通り手配可能です。

40 sets are currently _____ _____ and they can be arranged ____ ____ :

---

3. 残りの注文分につきましては、今日時点では、

As for the rest of your order, (today, of, as),

---

4. 今月末に出荷可能となる見込みです。

We expect the ETD to be (of, the, end, month, this).

問い合わせ(在庫)に対する返答

コラム　私の失敗例：英字新聞

英字新聞も、語学学習の上では読解力を高めるための有効なツールです。

ところで私は静岡県浜松市の出身で、10代までそこに住んでいました。ご存じの方もいるかもしれませんが、浜松市は SUZUKI や YAMAHA などの製造会社が多く、ブラジル人がたくさん住んでいる地域です。
特に私の住んでいた町は県営住宅があるため、当時から多くのブラジル人が暮らしていました。

あれは浪人生のときでした。
受験のため浜松から東京に向かう電車の中で、

「英字新聞でも読みながら行ったら受験勉強にもなるし、
ちょっとかっこいいんじゃないか」

と浅はかにも考えた19歳の私は、近所のコンビニで颯爽と一部購入し、電車に乗り込みました。

そして席について新聞を広げた…まではよかったのですが、書いてある字がさっぱり読めない！？

そうです。なんとそれはポルトガル語新聞だったのです！！！

まわりの目が気になって、すぐにしまうこともできずにセレソン（サッカーのブラジル代表）の写真を眺めて、読んでいるふりをするのがつらかったのを覚えています（泣）。

これが私の初めての英字新聞（のつもり）体験でした。

後で知ったのですが、当時地元のコンビニにはそもそも日本語とポルトガル語の新聞しか置いてありませんでした。
それ以来、英字新聞を買うときには本当に英語の新聞かちゃんと確認するようにしています。

公式 8 問い合わせ（価格）

⟨Subject: Price inquiry⟩

Dear John,

I would like you to make a quotation for us.

We are interested in the KH220 within the current lineup and in new models for next year.

Could you please send us a quotation for a KH220 and a price list for 2012 respectively?

Best regards,
Michael

◆**日本語訳**〈件名：価格問い合わせ〉

こんにちは。見積書をお願いしたく存じます。

現行のラインナップの中ではKH220に興味を持っております。来年の新モデルにも興味があります。

KH220 1個の見積もりと、2012年の価格表一覧をそれぞれご送付ください。

英語脳を身につけよう

〉 現行のラインナップの中では KH220 に興味を持っております。
〉 We are interested in the KH220 within the current lineup.

問い合わせの文ですので、主語は**We**でよいでしょう。「興味がある」は**be動詞＋ interested in** でセットです。**in** の次に、興味がある対象が来ます。

within the current lineup「現行のラインナップの中では」の部分は補足説明にあたりますので、相手と何度もやり取りをしていて情報共有ができている場合には省いてもよいかもしれません。ですが、**KH220** というものについて、相手が少しでも迷う可能性がある場合には、このような補足を入れるほうがより正確に伝わりやすくなります。

〉 KH220 1 個の見積もりと、2012 年の価格表一覧をそれぞれご送
〉 付ください。
〉 Could you please send us a quotation for a KH220 and
〉 a price list for 2012 respectively?

ここでは**Could you please 〜?**という表現で丁寧に依頼しています。この場合、動詞は「送る＝ **send**」が適切です。この動詞は「**send** ＋人＋物」（もしくは「**send** ＋物＋ **to** 人」）というように、後に続く言葉の順番が決まっています。ですので **send** の後は「私たち＝ **us**」、次に、「送ってほしいもの」が来ます。ここでは **a quotation for a KH220** と **a price list for 2012** ですね。

語彙

quotation	見積もり
be interested in	〜に興味がある
current	現行の
respectively	それぞれ

問い合わせ(価格)

重要表現

＊Please let me know if there is any possibility of a price reduction.
値下げ条件等があれば、ぜひお知らせください。

＊Thank you in advance for your cooperation.
ご協力感謝致します。

＊After the press release, we started considering purchase of your products.
記者発表後、我々は御社製品の購入を検討し始めました。

＊Please clarify whether or not insurance is included in the price.
価格には保険が含まれるかどうかを明確にしてください。

ドリル　書いて覚えよう！

1. 見積書をお願いしたく存じます。
I would like you to ___ ___ ___ for us.

2. 現行のラインナップの中ではKH220に興味を持っております。
We ___ ___ ___ the KH220 within the current lineup.

3. 来年の新モデルに興味があります。
We are interested in (for, year, next, models, new).

4. KH220 1個の見積もりと、2012年の価格表一覧をそれぞれご送付ください。
Could you please (us, quotation, a, send) for a KH220 and a price list for 2012 respectively?

問い合わせ（価格）

コラム　非ネイティブの英語

外国人といえば英語がみんなペラペラ、と条件反射のように思ってしまいがちですが、実はこれは誤解です。

確かに欧米人以外にも、フィリピン人やインド人のように、英語を公用語として母国語と同じように扱う人々はいます。また、実際のビジネスシーンで国際的なコミュニケーションはほぼ英語で行われるでしょう。
しかし、地球上に住む大部分の人にとって、英語は母国語ではないのです。

現在ネイティブと非ネイティブ（英語を第2言語または外国語として使う人）の割合は1対3と言われています[4]。新興国の発展によって、非ネイティブの割合は今後ますます増えていくことが予想されます。

---

4) イギリスの英語学者　David Crystal 氏の 2006 年の論文「English worldwide」
　（http://www.davidcrystal.com/DC_articles/English3.pdf）

このような非ネイティブの人々とのやり取りでは、文法的に「？？？」という会話や文章はしょっちゅうあります。つまり外国人であっても必ずしも英語が得意というわけではないということです。

私はこのことに気づいたとき、何も「完璧」な英語ができなくてもいいんだと自信が持てました。

もちろんビジネスシーンにおいて、特にEメールを含めたライティングは正確な文章が求められますが、まずは自信を持って思い切って発信するところから始めたいですね。

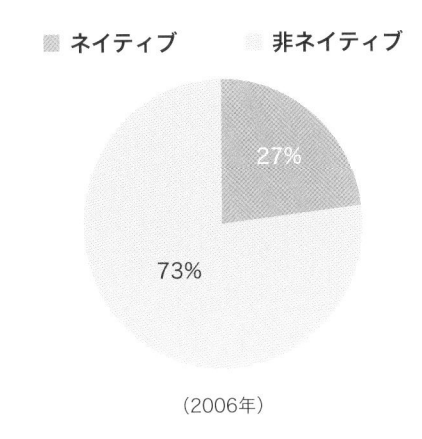

■ ネイティブ　　■ 非ネイティブ

27%

73%

（2006年）

英語を母国語として話す人（ネイティブ）と第2言語・外国語として話す人（非ネイティブ）の割合［論文データを基に筆者作成］

公式 9 問い合わせ(価格)に対する返答

⟨Subject: Re: Price inquiry⟩

Dear Michael,

Thank you very much for your inquiry. Here is the attached price list and quotation you requested.

Regarding the KH220, if you place an order of 10 sets or more, we will give you a 5% discount from the total invoice price.

We look forward to your order.

Regards,
John

◆**日本語訳**〈件名:Re: 価格問い合わせ〉

お問い合わせ誠にありがとうございます。ご依頼の価格表と見積書を添付します。

KH220について、もし10セット以上まとめてご注文いただきますと、ご請求総額から5%割引致します。

それではご注文をお待ちしております。

英語脳を身につけよう

> KH220について、もし10セット以上まとめてご注文いただきますと、
> Regarding the KH220, if you place an order of 10 sets or more,

「〜に関して」のregardingとplace an order「注文する」は決まり文句として、どちらも覚えておくと便利な表現です。
この文で一番のポイントは「10個目を含むのか含まないのか」ということです。例えば「10以上」と言いたいのに、日本語の「以上」につられて、more than 10 setsとしてしまうのがよくある間違いです。これだと、英語では「10よりも多く」を意味しますので10個目はカウントされず、11個目からしか割引は適用されないことになります。10個を含む数で提案したい場合は、「**10 sets or more**」とします。数字の誤解は即損失につながりますので、慎重になりたい表現の1つです。

> ご請求総額から5%割引致します。
> we will give you a 5% discount from the total invoice price.

この文の主語はwe。「ディスカウントを与える」と考えて、giveを動詞に使います。giveは通常、「give＋人＋物」という語順を取りますので、give you a 5% discountのように続けます。

語彙

regarding	〜について
discount	割引
invoice	請求書

問い合わせ(価格)に対する返答

重 要 表 現

＊**Please note this quotation is valid within this month only.**
この見積もりは今月内のみ有効ですので、ご注意ください。

＊**We highly appreciate your kind consideration.**
ご検討いただき誠にありがとうございます。

＊**If payment is done by remittance instead of L/C[5], we can give you a 3% discount.**
支払いを信用状取引ではなく送金でしていただければ、3%の値引きが可能です。

＊**This is the best possible estimate with which we can provide you.**
こちらがご提供できる最善の価格見積もりでございます。

---

5) L/C〔＝ letter of credit〕 信用状

ドリル　書いて覚えよう！

1. ご依頼の価格表と見積書を添付します。

(is, Here, attached, the) price list and quotation you requested.

_____

_____

2. もし10セット以上まとめてご注文いただきますと、

If you ____ ____ ____ of 10 sets ____ ____,

_____

_____

3. ご請求総額から5％割引致します。

We will give you a 5% discount from the ____ ____ ____.

_____

_____

4. それではご注文をお待ちしております。

We look (to, your, forward, order).

_____

_____

問い合わせ(価格)に対する返答

コラム　TOEIC SW テストとは？

TOEIC SWテストとはTOEICスピーキングテスト／ライティングテストの略です。その名の通りスピーキングとライティングに関する試験で、2007年1月から開始されました。

そもそも英語力を測るはずのTOEICになぜスピーキングとライティングがなかったのでしょうか？

TOEICの開発にあたったETSによると、「リスニングとスピーキング、リーディングとライティングとの相関関係について検証し、それぞれが非常に高い相関関係を示すことから、リスニングとリーディングのみの試験からスピーキングとライティング能力を含めた総合的な英語能力を評価できる」としています（『TOEICスピーキングテスト／ライティングテスト公式ガイド　新装版』財団法人国際ビジネスコミュニケーション協会　p.15）。

TOEICを開発した当初の目的は、安価に、客観的に、一度に大勢の英語力を測定することだということですから、リスニングとリーディングのみであってもTOEICテストはその目的にかなっていたわけです。

しかしながら、「英語の利用が職場や日常生活の場でますます拡大していること、それに伴いスピーキングとライティングという能力を直接的に、より詳細に測定したいという要望に応じて」(同上)TOEIC SW が導入されることとなったのです。

TOEIC SW テストは 2011 年現在、団体受験も含めると累計で約 2 万人が受験しています。従来の TOEIC(リスニング／リーディング、マークシート方式)の年間約 180 万人(2010 年度、団体受験含む)と比べるとまだまだマイナーな感は否めませんが、将来的には企業からも両方のテストで英語力が評価されるような時代になるのかもしれません。

ちなみにこの TOEIC SW ですが、ライティングテストは全部で 8 問あり、問 6 と問 7 では **E メールの問題が出題されます**(2011 年 8 月現在)。
日頃 E メールを書く機会の多い方で客観的に評価を受けてみたい方は受験してみてはいかがでしょうか?
詳細はホームページ http://www.toeic.or.jp/sw/ でご確認ください。

公式 10 納期の案内

〈Subject: Delivery schedule〉

Dear Mr. Adams,

We would like to inform you of the delivery schedule for your order. Please find the details attached.

Due to inclement weather, there are some shipping delays. If it is the case, we will let you know immediately.

Best regards,
Ken Shimizu

◆日本語訳〈件名：出荷スケジュール〉

ご注文に対する出荷スケジュールをご案内致します。詳細は添付ファイルをご確認ください。

荒れ模様の天候により、何件か船の遅れが発生しております。万一の際には至急ご連絡をさせていただきます。

英語脳を身につけよう

> ご注文に対する出荷スケジュールをご案内致します。詳細は添付
> ファイルをご確認ください。
> **We would like to inform you of the delivery schedule for your order. Please find the details attached.**

この文では主語を **We** としています。会社を代表してのお知らせの場合は **We**、担当者同士での会話の場合は **I** になることが多いです。状況に合わせて使い分けましょう。

ここで言う「案内する」とは「お知らせする」ということですので、動詞は「**inform** ＋人＋ **of** ＋物」を使うのが便利です。例文のような納期の案内を始め、何かをお知らせするための E メールではよく使います。

「詳細は添付ファイルをご確認ください」のくだりも、決まり文句として覚えておくと便利な言い回しです。

> 荒れ模様の天候により、何件か船の遅れが発生しております。
> **Due to inclement weather, there are some shipping delays.**

「天候により」は、原因を表す **due to** が使えます。

メインの文（主節）となる後半部分では動詞「発生する」をそのままあてはめてもよいのですが、もっと簡単に「船の遅れがある」というふうに読み替えてしまって、「**there is ～**」の表現を使って「～がある」とするほうがシンプルでしょう。この場合は「何件か船の遅れが」ということですので複数形にして、**there are some shipping delays** とします。

語彙

detail	詳細
due to	～のために
inclement	荒れ模様の

重要表現

* **We will keep an eye on your delivery.**
  配送状況を注視して参ります。

* **According to customs, regulations will be changed from next month.**
  税関によりますと、法令が来月より変更になるとのことです。

* **Due to chemical smog, shipping operations are unstable around East China Sea.**
  化学スモッグにより、東シナ海周辺の船の運航は不安定です。

* **Please make sure that you have some flexibility with regard to dates and so on, just in case.**
  念のため、日程等に関してはある程度の余裕を見ておくようにしてください。

ドリル 書いて覚えよう！

1. ご注文に対する出荷スケジュールをご案内致します。

We would like to (of, you, inform) the delivery schedule for your order.

_____

_____

2. 詳細は添付ファイルをご確認ください。

Please _____ _____ _____ attached.

_____

_____

3. 荒れ模様の天候により、何件か船の遅れが発生しております。

_____ _____ _____ weather, there are some shipping delays.

_____

_____

4. 万一の際には至急ご連絡をさせていただきます。

If it is the case, we (let, will, you, know) immediately.

_____

_____

納期の案内

コラム　勉強法・質問あれこれ

Q1.「英語脳を身につけよう」の説明を読んでも、そんなにすぐ主語や動詞を思いつきません。

A1.「主語を選ぶ」「動詞を選ぶ」ということは、結局はパターン認識です。繰り返し英語に触れて慣れることが重要なんです。
本書のドリルを解いたり、実際のEメールを繰り返し書いたりしているうちに、次第に主語と動詞がわかるようになってきますので、安心して取り組んでください。

特に英語の勉強を始めた最初の頃は、モチベーションの維持も大変だと思います。まず問題集を1冊仕上げることによって達成感を味わうことが、継続へのモチベーションにつながります。
例えば本書でしたら、ドリルにがんがん書き込んで使い倒してみてください。

Q2. スピーキングもできるようになりたいんですが、どうすればいいですか？

A2. スピーキングは「口頭での英作文」という言い方をされることもあり、ライティングのスキルと共通する部分が多くあります。もちろん使われる単語や言い回しなどに異なる点もありますが、ライティングもスピーキングも、英語を組み立て、アウトプットするという面においては同じです。

本書を手に取ってくださった方なら、取り急ぎEメールを改善する

必要に迫られていると思います。
まず、より速く正確にEメールが書けるよう、今まで以上に「主語」と「動詞」を意識しながら取り組んでみてください。この2つを意識してみることで、スピーキング力も同時に改善されるでしょう。

Q3. 楽しみながら英語を上達させるには？

A3. 英語ができるようになるためには本書のような参考書で効率よく勉強を進めることも重要ですが、一方で自分の興味の赴くまま、英語を楽しむという姿勢も欠かせません。なぜなら、そうすることで結果的に英語に触れる時間が増え、上達していくものだからです。

私は高校生の頃ギターに熱中し、特にビートルズのカバーを中心に演奏していました。
その時に彼らの歌詞で覚えた表現がいくつかあります。例えばp.182のコラム（ビジネスEメールの英文法⑧）で取り上げた "until" という前置詞は、「ノルウェーの森」の歌詞で出てきます。また p.190 のコラム（ビジネスEメールの英文法⑨）で during と while の使い分けを取り上げているのですが、この "while" という言葉の使い方もビートルズの「All My Loving」という曲で覚えました。

何事もそうですが、効率だけを追求するときつくなって続かなくなってしまう可能性が高いです。好きなことを取り入れて、いろいろな方法で英語に触れる機会を増やすことが結果的に上達の早道になると思います。

あなたの「好き」は何ですか？

公式 11 納期の遅れ

⟨Subject: Apology for delivery delay⟩

Dear Mr. Smith,

I am very sorry but the shipment date I informed you about has been put back due to the typhoon.

According to the shipping company, the delivery date is going to be June 1st instead of May 29th.

We apologize for the inconvenience caused.

Best regards,
Akiko Kaneko

◆**日本語訳**〈件名:出荷遅延のお詫び〉

申し訳ございませんが、ご案内の出荷予定日が台風の影響で遅れております。

船会社によりますと、納品日は当初の5月29日ではなく6月1日になる予定です。

ご迷惑をおかけして誠に申し訳ございません。

英語脳を身につけよう

〉申し訳ございませんが、ご案内の出荷予定日が台風の影響で遅れております。
〉**I am very sorry but the shipment date I informed you about has been put back due to the typhoon.**

I am very sorry but で「申し訳ありませんが」を表します。**very** は強調するためにつけています。主語は「出荷日」という意味の **the shipment date**、動詞は「遅れる」で **be put back** となります。ここでは「台風が来た結果、いま日程が遅れている」のように意識が「今」にあるため現在完了を使って **has been put back** としています。「出荷日が遅れる」だけではどういった日程なのかわかりにくいので、**I informed you about**「私がご案内した」という、日程を修飾する1文を追加し、出荷予定日を表しています。

と言われても「？」という人も多いかもしれません。これは文法用語で「関係代名詞」と呼ばれるものですが、コラム（p.142）でもう少し詳しく説明しますので、ここでは主語と動詞の間に説明が入ることがあるということをつかんでいただければ OK です。

〉船会社によりますと、納品日は当初の5月29日ではなく6月1日になる予定です。
〉**According to the shipping company, the delivery date is going to be June 1st instead of May 29th.**

「〜によると」は「**according to**」を使うのが便利です。主語は「納品日は」です。動詞は予定を表す **be going to** を使って表現しています。**instead of** を使って、当初の予定はいつだったのかも記載したほうが親切でしょう。

語彙

the shipment [delivery] date	出荷日［納品日］
according to	〜によると
instead of	〜の代わりに

納期の遅れ

重 要 表 現

*Please accept our sincere apologies for the inconvenience caused by the delay.

この度の遅れによるご不便を心よりお詫び致します。

*We are trying to look for the possibility to bring forward the schedule.

日程を早めることができないか、可能性を探っています。

*We regret to say that the delivery date is to be delayed due to production delays.

残念ですが、生産遅れに伴い、お届けの日程が遅れる予定です。

*If we arranged this shipment by air, an additional US$800 would be charged.

もしこの配送を航空便で手配したら、追加で800ドルかかるでしょう。

ドリル　書いて覚えよう！

1. 申し訳ございませんが、ご案内の出荷予定日が台風の影響で遅れております。

I am very sorry but the shipment date I (about, you, informed) has been put back due to the typhoon.

---

2. 船会社によりますと、

_____ _____ the shipping company,

---

3. 納品日は当初の5月29日ではなく6月1日になる予定です。

The delivery date is going to be June 1st _____ _____ May 29th.

---

4. ご迷惑をおかけして誠に申し訳ございません。

We (for, the, apologize, inconvenience) caused.

納期の遅れ

コラム　中東の貿易拠点　ドバイ

海外営業部員時代は中近東を担当していたので、ドバイには何度か訪れる機会がありました。ドバイと言えば、私が担当についた2008年には高級ホテルなどが話題となり、空前の好景気に沸いていました。

しかし、同年9月のリーマンショックを受けた後、2009年にはドバイショックでバブルがはじけてしまいました。バブル崩壊後は出稼ぎに来ていたアジア系の人々が一斉に引き上げてしまったこともあり、私がそのころ出張で訪れた際には、それまで渋滞のため空港から会社まで車で約1時間以上かかっていたのが、半分の時間で行けるくらいに町中から車が少なくなってしまっていました。

しかし、世界一の高さを誇るビル、ブルジュ・ハリファや世界最大の水槽を持つ水族館ドバイ・アクエリアムはやはり圧巻です。2010年からは、エミレーツ航空が関西空港に加えて成田からもドバイへの直行便の運行を始めました。これにより、首都圏からもドバイへ行きやすくなりました。

中東のハブ空港なので、ヨーロッパへの乗り換えのついでに立ち寄る人も多いようです。

機会があればぜひ訪れてみてください。

公式 12 納期の遅れに対する返答

〈Subject: Re: Apology for delivery delay〉

Dear Ms. Kaneko,

This is unacceptable in terms of delivery to our customers. We request the goods arrive here by May 30th at the latest.

Otherwise we have no choice but to cancel the order we placed for next month.

Best regards,
Eric Smith

◆**日本語訳**〈件名:Re: 出荷遅延のお詫び〉

これは我々の顧客への配送の点から見て受け入れられるものではありません。遅くとも5月30日までの着荷を要請致します。

そうでなければ翌月分として発注済みの注文を、キャンセルさせていただかざるを得ません。

英語脳を身につけよう

〉これは我々の顧客への配送の点から見て受け入れられるものでは
〉ありません。
〉This is unacceptable in terms of delivery to our
〉customers.

ここは、前の課のメールを受けての返答になります。よって、「日程が遅れること」を主語として This で受け、動詞を is としています。
理由を表すためには because 以外にも、例えばこの in terms of といった言い方も覚えておくと表現の幅が広がります。

〉そうでなければ翌月分として発注済みの注文を、キャンセルさせ
〉ていただかざるを得ません。
〉Otherwise we have no choice but to cancel the order we
〉placed for next month.

Otherwise という言葉は、前に出てきた命令や要求などを受け、「さもなければ」と言うときの言い回しです。ここでは「5月30日までに納品できないなら」という内容を受け、「そうでないと」ということです。

もとの文は Otherwise we have no choice but to cancel the order. と We placed the order for next month. で、それをまとめて1文にしています。

語彙

unacceptable	受け入れることができない
in terms of	〜の点から
at the latest	遅くとも
place an order	注文する

納期の遅れに対する返答

重 要 表 現

＊**Let us postpone what we ordered to next month.**

注文している商品を翌月へ延期させてください。

＊**I ask you to find another vessel which arrives earlier.**

より早く到着する船を探してください。

＊**Do you have any alternative solutions?**

何か代替案はありませんか？

＊**We request that you look into the reason why the delivery is delayed immediately and inform us of the result.**

なぜこの配送が遅れているのか至急調べて、結果を知らせてください。

ドリル　書いて覚えよう！

1. これは我々の顧客への配送の点から見て受け入れられるものではありません。

This is unacceptable _____ _____ _____ delivery to our customers.

---

2. 遅くとも5月30日までの着荷を要請致します。

We request the goods arrive here by May 30th _____ _____ _____.

---

3. そうでなければ翌月分として発注済みの分を、キャンセルさせていただかざるを得ません。

Otherwise we have (choice, but, no, cancel, to) the order we placed for next month.

---

4. 注文している商品を翌月へ延期させてください。《重要表現から》

Let us postpone (we, what, ordered, to) next month.

納期の遅れに対する返答

コラム　英訳に戸惑う日本語

日本語のビジネスメールでは必ずと言っていいほど書くのに、英語に訳すとなると難しい表現があります。ここでは 2 つ取り上げてみます。

1.「いつも大変お世話になっております」

日本語のメールだと、定型文のように文の頭につけることが多い 1 文だと思います。
しかしこれを英訳する場合は、どのようなシチュエーションかによって、適切な訳が異なります。
ここでは日本語と同じように、挨拶程度で書く場合を考えてみます。

特に親しい担当者間で交わす E メールでは Hi. で十分でしょう。

もう少し丁寧な表現にしたい場合は、p.42 のように、Thank you for your daily cooperation. または p.166 の Thank you for your continual support. あたりが便利です。

なお、日本語をそのまま 1 語ずつ直訳して、You always take good care of us. としてしまうと、

「別に特別な面倒を見ているわけではないのに、どういうことだろう？　知らないところで、誰かこの人に何か渡しているのだろうか？」[6]
と取られる可能性があるそうですので、やめておきましょう。

また、"なるべく必要ない言葉は省いて簡潔に"というのもビジネスEメールの基本です。「いつも大変お世話になっております」を入れるべきか入れる必要がないか、場合によって柔軟に使い分けてください。

2.「どうぞよろしくお願い致します」

日本語ではこれも文末に必ずといっていいほど入れる言葉ですね。これも直訳はできないので、「今後の関わりが楽しみである」というポジティブなニュアンスを伝えましょう。

あとは状況に応じて使い分けます。例えば自己紹介の場合には、
I look forward to doing business with you.

相手の返事を待つ場合には、
I look forward to hearing from you.

といった表現が一般的です。

---

6)『同時通訳が頭の中で一瞬でやっている英訳術リプロセシング』(田村智子／三修社) p.85

公式13 価格の交渉

⟨Subject: Request for price reconsideration⟩

Dear Ms. Green,

Regarding the A-product, we ask that you discuss the pricing once more. At least please try to meet our suggestion of US$65.00.

In that case, our initial Q'ty will be 200 pcs and we will start this deal as soon as the goods are available.

Sincerely yours,
Akio Maeda

◆**日本語訳**〈件名:価格再検討のお願い〉

A製品に関して、ぜひ価格を再度ご検討いただきたく存じます。少なくとも65ドルになるよう、ご尽力願います。

その場合、初回台数は200台の予定で、製品が入手可能となり次第この取引を開始するつもりです。

英語脳を身につけよう

> A製品に関して、ぜひ価格を再度ご検討いただきたく存じます。
> Regarding the A-product, we ask that you discuss the
> pricing once more.

日本語に現れていない主語を考えましょう。ここでは会社対会社の取引を想定しているため、主語は **we** としています。
動詞は「ご検討願う」ということで、「お願いする＝ **ask**」を使うのが適切です。他にもいろいろな言い方がありますが、直接的過ぎて失礼な言い方にならないように気をつけましょう。
冒頭の「〜に関して」の部分は、**regarding** を使った表現を覚えておくと便利です。

> 少なくとも65ドルになるよう、ご尽力願います。
> At least please try to meet our suggestion of US$65.00.

「少なくとも＝ **at least**」はよく使う語句ですので押さえておきましょう。ここでも1文目と同様に、主語を「我々は」と考えて **we** で始めることも可能ですが、**we** が続いてくどくなってしまいますので、「**please** ＋動詞」で書いてみましょう。
日本語の「〜になる」は簡単なようで英語にするのが難しい言葉です。ここでは「要求を満たす」と読み替えて、動詞に **meet** を使っています。

語彙

at least	少なくとも
in that case	もしそうであれば
Q'ty [＝ **quantity**]	数量
pcs [＝ **pieces**]	個

価格の交渉

重要表現

* **Thank you for your kind consideration.**
  ご検討いただき誠にありがとうございます。

* **Are there any conditions in which we would be eligible for any further discounts?**
  我々がさらに値引きを受けるための条件はございますか?

* **Would it be possible to make it $60 per unit if we ordered 200 pcs at one time?**
  一度に200個注文したら、1個あたり60ドルにしていただくことは可能ですか?

* **We would greatly appreciate it if you could respond to our request by the end of next week.**
  我々の要請に、来週末までにお答えいただけますと幸いです。

ドリル 書いて覚えよう！

1. ぜひ価格を再度ご検討いただきたく存じます。

We ask that (discuss, you, pricing, the) once more.

_____

_____

2. 少なくとも 65 ドルになるよう、ご尽力願います。

At least please _____ _____ _____ our suggestion of US$65.00.

_____

_____

3. 初回台数は 200 台の予定です。

Our ____ ____ will be 200 pcs.

_____

_____

4. 製品が入手可能となり次第この取引を開始するつもりです。

We will start this deal as soon (the, goods, are, as) available.

_____

_____

価格の交渉

コラム　私の失敗例：Eメールの書き方

Eメールの怖いところは、相手が理解したかどうかの反応が、返事を受け取るまでわからないところです。
以下は私自身の失敗例ですが、参考になればと思いご紹介します。

当時扱っていたA製品は、代替の利かない基幹部品の生産終了に伴い、残り1,000台までしか供給ができない状態でした。
それを現地法人の販売会社に伝えなければなりませんでした。

相手の販売予想を聞こうとして、

I expect that you will sell them around 1,000 pcs.

とメールしました。

ところがそれに対して、相手は私が1,000台以上売ってほしいと期待しているんだろうと受け取り、商談を進めてしまいました。

後で誤解がわかった時には取引先も既に決まってしまっており、供給しないわけにはいかなくなったため、調整にかなりの費用と時間を費やすことになってしまいました。

どうすればよかったのでしょうか？
次のようなメールを書くべきだったのです。

①目的をはっきりさせる
例：This email is to ask you about your sales forecast of A-product.

②相手にどうしてほしいのかはっきりさせる
例：I would like you to let us know your sales forecast.
例：Please adjust the forecast to less than 1,000 pcs because …

③紛らわしい語は使わない
expectは「予想する」という意味もありますが、「期待する」という用法もあるのは前述の通りです。p.60でも出てきたように、expectはよく使われる言葉です。正しい場面、用法で使うことが大切です。

日本人同士だと、書いてあることの行間を読んでもらえる可能性もありますが、外国人とのEメールでのやり取りは、「書いてあること以外は伝わらない＝行間は読まれない」傾向があります。
これを前提に全体の構成を考えなければいけないということを、この経験から学びました。

公式 14 価格の交渉に対する返答

⟨Subject: Re: Request for price reconsideration⟩

Dear Mr. Maeda,

I am writing in response to your email of May 21st.

We studied your request and, considering the current market situation, we are able to provide a 5% discount this time only.

We are looking forward to your order soon.

With best regards,
Suzan Green

◆**日本語訳**〈件名：Re: 価格再検討のお願い〉

これは5月21日にいただいたEメールへの返信です。

いただいたご要望について検討いたしまして、現在の市況も考慮し、今回だけ5%の値引きにて対応させていただきます。

近くご発注いただけるのをお待ちしております。

英語脳を身につけよう

> いただいたご要望について検討いたしまして、現在の市況も考慮
> し、今回だけ5%の値引きにて対応させていただきます。
> We studied your request and, considering the current
> market situation, we are able to provide a 5% discount
> this time only.

日本語では1文ですが、ここは **and** を挟んで2つの英文で表現しています。どちらの文も主語は **we** になっていますが、これは会社として回答するというニュアンスを表しているためです。

1文目の動詞は「検討する」の意味で **study** を使っています。**considering** の後ろから **this time only.** までがもう1つの文です。このうち、**considering** から **situation,** までは分詞構文と呼ばれるものです。この表現についてはコラム p.176 で詳しく取り上げるので、ここではこの部分が次の **we are able to** 〜の文に説明を加える役割を果たしていることだけ押さえておいてください。

we are able to 〜の主語が **we** になるのは先述の通り。動詞は「対応させていただきます」ということですが、具体的には相手から要望のあった値引きを「提供することができる」ということですね。この場合は **provide**「〜を提供する」という動詞がよく使われます。「できる」を表現するために **be able to** をつけます。

目的語にあたる **discount**「値引き」は数えられる名詞という扱いなので、**a** がつきます。**a student** と同じですね。また **5%** と数字が出てきますが、**five** だからといって、**discounts** と複数形にはならないのでご注意ください。

語彙

in response to	〜に対する返信で
current	現在の
provide	提供する

重要表現

* **I am writing in regard to your email of May 21st.**
5月21日にいただいたEメールについて書いています。

* **With regard to this matter,**
この件に関しまして、

* **We regret to say that we cannot meet your request this time.**
残念ながら今回はご要望にお応えすることはできません。

* **The best possible reduction we can agree is not 5% but 2%.**
我々が合意できる最善の値引きは5%ではなく、2%です。

ドリル　書いて覚えよう！

1. これは5月21日にいただいたEメールへの返信です。

I am writing ____ ____ ____ your email of May 21st.

2. 現在の市況を考慮し、

Considering (situation, market, the, current),

3. 今回だけ5％の値引きにて対応させていただきます。

We are able to provide a 5% discount ____ ____ ____.

4. 近くご発注いただけるのをお待ちしております。

We are (forward, to, order, looking, your) soon.

価格の交渉に対する返答

コラム　Googleを使った英文校正

「英語を書いたけれど英語として正しいかどうかわからない。何か確認する方法がないだろうか？」

周りにチェックしてくれるネイティブスピーカーがいる可能性は少ないでしょうし、もしいたとしてもEメールを書くたびにチェックしてもらうわけにもいかないでしょう。
そういうときはGoogleの検索機能を使うのがオススメです。ちょっと便利なワザを紹介します。

〈フレーズ検索とワイルドカード検索〉
「フレーズ検索」とは、文を" "（ダブルクォーテーション）でくくった上で検索することです。こうすることで、入力したフレーズの通りに検索してくれます。

「ワイルドカード検索」とは、**わからない単語、もしくは調べたい単語の代わりに*（アステリスク）をつけて検索する**ことで、そこにあてはまる単語を補って検索してくれる機能です。

この２つの検索方法がEメールライティングにどう役に立つのかを見てみましょう。
例えば「詳細は我々のウェブサイトを見てください」という文を考えるとします。

まずあなたは、
「『〜してください』だから、とりあえずplease＋動詞だな」
「『我々のウェブサイト』だからour websiteだろう」
「動詞は何かな？」と考えたとします。

この場合、全体をフレーズ検索で、動詞の部分をワイルドカード検索で調べることができます。

例）"please * our website" と入力して検索ボタン。

すると、please "visit" our website が最もたくさんヒット[7]しますので、どうやら visit がよさそうです。また 2 語以上のフレーズで使われる動詞（例 look at 〜を見る）は * を 2 個並べることで検索することができます。これによると please go to our website などもよく使われることがわかります。

次に「詳細は」の部分を訳す場合、for details なのか in details なのか、前置詞があいまいだとします。

その場合は先ほどのフレーズ検索でどちらも調べて比較してみます。"please visit our website for details" "please visit our website in details" で検索すると、結果は for が約 150 万件、in が 3 件です。この場合は明らかに for のほうが正しそうです[8]。

これはほんの一例ですが、このような方法を使うと、ただ検索するよりも目的にたどり着きやすくなります。ぜひお試しください。

7）フレーズ検索で確認。2011 年 8 月現在の検索結果（英語サイトのみ）。
　　"please visit our website"　　約 20,100,000 件
　　"please go to our website"　　約 54,200,000 件
8）検索結果にはウェブ上に無数にある、文法的に誤りのある表現も含まれます。従ってあくまで比較した場合にどちらが多数派かというくらいに考えてください。ただしビジネス英語においては正確な意思疎通が求められるため、「どちらが一般的に使われる表現（＝多数派）か」ということは大切な判断基準です。

公式 15 代金の請求

〈Subject: Request for payment〉

Dear Ms. Walker,

I am afraid, as of today, we are unable to confirm your payment. As discussed over the phone last week, originally yesterday was the due date.

Please kindly proceed with your payment ASAP.

Best regards,
Wataru Asada

◆**日本語訳**〈件名:お支払いのお願い〉

恐れ入りますが、今日時点で我々は御社の支払いについて確認が取れておりません。先週電話で話し合いましたように、本来ならば昨日が期限でした。

大至急支払いを進めていただきますよう、どうぞよろしくお願い致します。

英語脳を身につけよう

〉 恐れ入りますが、今日時点で我々は御社の支払いについて確認が
〉 取れておりません。
〉 **I am afraid, as of today, we are unable to confirm your**
〉 **payment.**

I am afraid に続く文では、「我々は＝ we」が主語です。「確認が取れておりません」の部分については、「確認する＝ confirm」が動詞になります。ここに「できない」という否定の意味を追加します。「できない」と言うと could not が浮かぶかもしれませんが、それだと「〜をする能力がなくてできない」という意味になりますので、ここでは適切ではありません。この場面のように、何か理由があってできない場合は「be unable to do」を使います。続いて「〜を確認する」の目的語が来ますが、これは「支払いについて＝ your payment」ですから、confirm your payment とまとめると完成です。

〉 先週電話で話し合いましたように、本来ならば昨日が期限でした。
〉 **As discussed over the phone last week, originally**
〉 **yesterday was the due date.**

「話し合ったように」という場合の as discussed も覚えておくとよいでしょう。こういうちょっとした一言が出てくるようになると、文章がスムーズに書けるようになってきます。この文では主語は yesterday で、動詞は was です。「期限」もよく使う言葉で、英語では due date と言います。

語彙

payment	支払い
be unable to do	〜できない
confirm	確認する
due date	支払い期限
ASAP ［＝ as soon as possible］	大至急

重要表現

*If you have already made the payment, please disregard this email.

もしも既にお支払い済みでしたら、恐れ入りますがこのメールは無視してください。

*If you have any problems, please inform us.

もし問題があるようでしたらお知らせください。

*Once you have made the payment, please notify us ASAP.

お支払い後、速やかにお知らせください。

*Our conditions and terms clearly stipulate that payment be done in advance of shipment.

我々の取引条件は出荷前の支払いを明記しています。

ドリル　書いて覚えよう！

1. 今日時点で我々は御社の支払いについて確認が取れておりません。

As of today, we (unable, are, confirm, to) your payment.

_____

_____

2. 先週電話で話し合いましたように、

____ ____ ____ **the phone last week,**

_____

_____

3. 本来ならば昨日が期限でした。

Originally yesterday was ____ ____ ____.

_____

_____

4. 大至急支払いを進めていただきますよう、どうぞよろしくお願い致します。

Please kindly (with, payment, proceed, your) ASAP.

_____

_____

代金の請求

コラム　略語について

毎日大量にEメールをやり取りする上で、略語は大変便利です。
また、相手は当然知っているものとして使ってくることが多いため、
知らないと意味がわからないということにもなりかねません。
下に主なものを載せておきますので、ぜひ活用してください。

ASAP [= as soon as possible]　　できるだけ早く

―――――――――――――――――　　―――――――――――――――

FYI [= for your information]　　参考までに

―――――――――――――――――　　―――――――――――――――

TBA [= to be announced]　　後ほどお知らせします

―――――――――――――――――　　―――――――――――――――

QTY [= quantity/Q'ty]　　数量

―――――――――――――――――　　―――――――――――――――

MTG [= meeting]　　会議

―――――――――――――――――　　―――――――――――――――

BTW [= by the way]	ところで
CIF [= cost, insurance, and freight]	運賃保険料込み条件
FOB [= free on board]	本船渡し条件
ETD [= estimated time of departure]	出港予定日
ETA [= estimated time of arrival]	入港予定日
L/C [= letter of credit]	信用状
PCS [= pieces]	〜個、台(商品などの1単位)

公式 16 代金の請求に対する返答

⟨Subject: Re: Request for payment⟩

Dear Mr. Asada,

We apologize for the delay in sending the remittance.

Our bank has had system trouble for a few days. According to them, it will be solved this afternoon.

We will arrange your remittance as soon as it is restored. Again, sorry for the inconvenience.

Best regards,
Jane Walker

◆**日本語訳**〈件名:Re: お支払いのお願い〉

送金が遅れており申し訳ございません。

取引銀行がこの2、3日システムトラブルを起こしております。銀行によりますと、今日の午後には解決するようです。

復旧次第、すぐに手配を致します。改めましてご迷惑をお詫び致します。

英語脳を身につけよう

〉取引銀行がこの 2、3 日システムトラブルを起こしております。
〉**Our bank has had system trouble for a few days.**

取引銀行でシステムトラブルが起きたと述べています。主語は **Our bank** です。

動詞は、**has had** のように **have** が重なっていますね。これは、「**have trouble**」（トラブルを起こす）と「**have** ＋過去分詞」（現在完了形と呼ばれる形）がかぶっているためです。

「数日前から今に至るまで、システムトラブルを起こしている（だから手配できていない）」というニュアンスを伝えるために、現在完了形を使っています。

〉銀行によりますと、今日の午後には解決するようです。
〉**According to them, it will be solved this afternoon.**

「〜によると」は定型表現で **according to** を使うと便利です。「銀行」という言葉は前の文で出てきていますので、ここでは繰り返しを避けるために「彼ら」と読み替えて、**them** を使っています。この文の主語は **it** で、これは直前の **system trouble** を指しています。

動詞部分の **will be solved** は、今日の午後という未来のことを表すために **will** をつけています。システムトラブルは「解決される」ので、「**be** 動詞＋過去分詞」の **be solved** という受け身の形になります。

語彙

apologize for	〜についてお詫びする
remittance	送金
solve	解決する
restore	復旧する

代金の請求に対する返答

重要表現

＊Bank transactions currently seem to be delayed by system trouble.

現在、銀行の取引はシステムトラブルで遅れているようです。

＊We are investigating the cause, so please let us have time till tomorrow.

原因を調査中です。つきましては、明日までお時間をくださいますよう、お願い致します。

＊We will do our best to ensure this does not occur again.

こういったことが今後は起こらないよう、最善を尽くします。

＊We hope that you will continue to do business with us.

今後ともよろしくお願い致します。

ドリル　書いて覚えよう！

1. 送金が遅れており申し訳ございません。

We apologize for the delay (the, in, remittance, sending).

---

2. 取引銀行がこの2、3日システムトラブルを起こしております。

Our bank has had system trouble (for, days, few, a).

---

3. 銀行によりますと、今日の午後には解決するようです。

According to them, it ____ ____ ____ this afternoon.

---

4. 復旧次第、すぐに手配を致します。

We will arrange your remittance as soon as ____ ____ ____.

コラム　オススメ・ガジェット Vol.1

オススメ①　iPhone

このコーナーでは、私がふだん英語学習に使っている小道具を紹介します。
初めに、もはや語学学習には欠かせないiPhone。1台でiPod、アプリ、ICレコーダーなど様々な役割を果たします。

iPodは音声を必要とする学習には欠かせません。iPodを使った一番代表的な学習はリスニングでしょう。私は、参考書の音声を取り込んだり、ポッドキャストを聴いたりしています。リスニング以外にも「シャドーイング」（英文を聴きながら、話す人のあとを影のように追って同じ英文を口に出していく練習）に使ったりもできるので、手放すことができません。

また資格試験の勉強をしていたときには、すき間時間に語彙関係のアプリを使うことでボキャブラリーを増やすことができました。そのとき使ったアプリは『PowerWords』シリーズ（アルク）と『出る順で最短合格！　英検1級単熟語』（日本アイアール）です。
紙媒体との違いは、持ち歩きが苦にならないことと、覚えていない単語だけを表示させて繰り返し学習することが容易にできるという点です。

同じく資格試験の対策でスピーキングの練習をしていたときには、ICレコーダーとしても活躍しました。人にスピーキングをチェックしてもらう機会を作るのはなかなか大変ですが、録音したものを自分でチェックすれば自分1人でも練習ができてしまいます。
「自分でやって意味あるの？」と感じる方もいるかもしれません。確かに発音のチェック等は1人では難しいのですが、私の場合、しゃべっている内容を確認して修正するだけでも効果は抜群でした。もしiPhoneがなければ同じ成果を出すために時間や労力は倍以上かかっていたに違いありません。

iPhoneは電池の持ちが悪いのが欠点ですが、各社から発売されている携帯充電器のようなものを使えばそれも解消できます。例えばUSBつきのモバイル機器が充電できるSANYOのハンディ電源『KBC-D1BS』がそれです。同社の充電電池エネループを入れて使用します。

〈参考〉
『iPhone最強の英語学習術』（井上大輔／サンマーク出版）
『iPhone英語勉強法』『iPhone英語勉強法　多読＆多聴トレーニング』（松本秀幸／日本実業出版社）

公式 17 返事の催促

⟨Subject: Reminder about quotation⟩

Dear Mr. Wilson,

This is a reminder about my request the other day. Last week, I requested the quotation for some of your products.

Since I need to decide the quantity with our client, please reply by this Friday.

Best regards,
Koji Nakamura

◆**日本語訳**〈件名:再送　見積もりの件〉

先日お送りした依頼についてのご確認をお願いします。先週、御社製品の見積もりを依頼しました。

顧客と発注数を決定しなくてはなりませんので、今週金曜日までにお返事をお願いします。

英語脳を身につけよう

〉先週、御社製品の見積もりを依頼しました。
〉**Last week, I requested the quotation for some of your**
〉**products.**

メールの送り主は自分ですから、ここは迷わず主語を I にします。動詞は **request** でいいでしょう。p.66 でも取り上げましたが、**quotation** は「見積もり」という意味で必須語句ですので、覚えておいてください。

〉顧客と発注数を決定しなくてはなりませんので、
〉**Since I need to decide the quantity with our client,**

「会社としての回答」というニュアンスなら、I の代わりに we を用いることも可能です。「〜しなくてはならない」は **need to do** の言い回しが使えます。**do** のところは「〜を決定する＝ **decide**」という動詞を用いましょう。文の最初に **Since** をつけることで、「〜なので」という理由を表しています。

語彙
reminder	思い出させるもの、催促状
quotation	見積もり
client	顧客

返事の催促

重 要 表 現

✱ I hope that you will respond to this email by this Wednesday.

今週水曜日までに、このEメールにご返信いただきたく存じます。

✱ We have to make a decision about the deal this coming Friday.

その取引について、今週金曜日に意思決定しなくてはいけません。

✱ We would appreciate your prompt reply.

迅速なご対応に感謝致します。

✱ I sent you an email regarding your products but have not yet heard from you.

御社製品についてのEメールをお送りしましたが、まだお返事をいただけておりません。

ドリル　書いて覚えよう！

1. 先日お送りした依頼についてのご確認をお願いします。
This is ___ ___ ___ my request the other day.

---

2. 先週、御社製品の見積もりを依頼しました。
Last week, I requested (quotation, some, for, of, the) your products.

---

3. 顧客と発注数を決定しなくてはなりませんので、
Since I ___ ___ ___ the quantity with our client,

---

4. 今週金曜日までにお返事をお願いします。
Please (by, Friday, this, reply).

返事の催促

コラム　オススメ・ガジェット Vol.2

オススメ②　ノイズキャンセリングヘッドフォン

このコーナーでは、私がふだん英語学習に使っている小道具を紹介しています。

2つ目は、ノイズキャンセリング式のヘッドフォンです。リスニングの勉強にはもちろん、カフェでちょっと集中したいときなどに重宝します。
ビジネス書などでも取り上げられてすっかり有名になりましたが、実際に使ってみるとこの静けさには本当に驚きます。

ノイズキャンセリング式のヘッドフォンは、頭にかけるヘッドバンド型から耳に入れるインナーイヤー型まで、メーカーごとに幅広くラインナップされています。ぜひ試してみてください。

オススメ③　キンドル（**Kindle**）

Kindle（キンドル）とはネット通販のアマゾン社が製造販売を手がける、電子書籍を読むための端末です。
日本での取り扱いはない[9]ため、私は円高に乗じて、2010年末にアメリカから取り寄せました。

Amazon.com のアカウントを作らなくてはいけないのが難点ですが、Kindle 自体は予想以上に読みやすいです。

iPhone のアプリでも代用は可能ですが、Kindle は画面が大きい割に軽いので持ち運びも苦になりません。

〈オススメ洋書〉
『Marketing Lessons from the Grateful Dead』David Meerman Scott/Brian Halligan 著
『Brand You』Tom Peters 著

9）2011年8月現在。

公式 18 クレーム

⟨Subject: Deficiency regarding order No. 112⟩

Dear Mr. Howard,

This email is to inform you that regarding our order No. 112, 30 sets out of 100 do not have instruction manuals.

Because there is no sign they were opened, we presume this error was made at the factory.

We require your urgent reply with regard to this matter.

Best regards,
Yoko Sato

◆**日本語訳**〈件名:注文番号112の欠品について〉

このメールは我々の注文番号112について、100セットのうち30セットに取扱説明書が入っていなかったことをお知らせするものです。

開けられた形跡はありませんので、工場側のミスではないかと推測します。

この件に関し、至急ご連絡いただきたく存じます。

英語脳を身につけよう

〉このメールは我々の注文番号 112 について、100 セットのうち
〉30 セットに取扱説明書が入っていなかったことをお知らせする
〉ものです。
〉 **This email is to inform you that regarding our order No.**
〉 **112, 30 sets out of 100 do not have instruction manuals.**

ビジネス E メールではこのメールを書いている目的がそもそも何かを明らかにすることが重要です。特にこのように不具合が起き、相手に何らかのアクションを求めるときは、目的をはっきりさせましょう。この文のように、**This email** を主語、**is** を動詞に設定するのが 1 つの方法です。その後は **to inform** と続けます。定型文の 1 つとして覚えておきましょう。**inform you that** 以下は、伝えたい内容である「30 セットに取扱説明書が入っていない」ということを、**30 sets**（主語）と **have**（動詞）を使って簡単に組み立てればよいのです。

〉開けられた形跡はありませんので、工場側のミスではないかと推
〉測します。
〉 **Because there is no sign they were opened, we**
〉 **presume this error was made at the factory.**

主語は「我々は＝ **we**」。動詞は「〜を推測する＝ **presume**」です。この後に、何を推測するのかということを続けます。要するに「工場がミスしたのだ」と言いたいわけですが、**The factory made this error.** だと直接的過ぎてけんか腰になってしまいかねません。そこで「このミスは工場で起きた」と読み替えて、**This error was made at the factory.** と受け身の形にします。こうすることで表現を和らげる効果があります。受け身の形については、コラム（p.164）をご参照ください。

語彙

deficiency	不足、欠品
regarding	〜に関して
instruction manual	取扱説明書
presume	推定する

クレーム

重要表現

* **There is a discrepancy between what we ordered and the goods which actually arrived.**

  到着した商品と我々の注文との間に相違があります。

* **We would appreciate it if you would look into this issue and address it appropriately.**

  この問題を調査して、適切に対処していただけますと幸いです。

* **We found that there was an error on the invoice you issued.**

  御社発行の送り状に誤りがあることに気づきました。

* **According to our records, the correct amount should be not $1,000 but $900.**

  我々の記録によりますと、正しい金額は 1,000 ドルではなく、900 ドルのはずです。

ドリル　書いて覚えよう！

1. このメールは我々の注文番号112について、100セットのうち30セットに取扱説明書が入っていなかったことをお知らせするものです。

This email is to ___ ___ that regarding our order No. 112, 30 sets ___ ___ 100 do not have instruction manuals.

---

2. 開けられた形跡はありませんので、

Because (is, no, there, sign) they were opened,

---

3. 工場側のミスではないかと推測します。

We presume this error ___ ___ ___ the factory.

---

4. この件に関し、至急ご連絡いただきたく存じます。

We require your urgent (with, to, regard, reply) this matter.

コラム　オススメ・ガジェット Vol.3

オススメ④　電子辞書

カシオ『エクスワード　XD-B10000』

電子辞書もレベルの高いものになると、実に様々な辞書が内蔵されています。調べものをすれば、確実に答えてくれる優れものです。意外と認識されていませんが、よい辞書を使うかどうかは英語力の向上に直結しています。実際、通訳者の間では「辞書は金で買える実力」という言葉があるそうです。

カシオの機種はレスポンスの早さが気に入っています。ただしボタンの感触は柔らかめで、好みが分かれるところかもしれません。

オススメ⑤　防水 MP3 プレーヤー

ノーリツ『juke tower SJ-10MP』

USB に入れた音楽ファイルを聞くことができる防水仕様の MP3 プレーヤーです。

もともと風呂で音楽を楽しむためのものですが、語学の学習にも使えます。

オススメ⑥　ブルートゥースヘッドセット

シグマ A・P・O『SBT03R』[10]

無線で接続するヘッドフォンですので、つけたまま動き回ることができるのが魅力です。
子供が生まれたばかりの頃、私が夕食の準備を担当していました。そのときに、両耳をふさぐことなく、料理をしながらリスニングの練習ができないか考えて見つけたのがこのヘッドフォンです。
難点は電子レンジを使うと音が途切れることですね。

もちろん、通勤の車の中では通話用としても使うことができます。

＊このような使い方をするためには、接続する機器が音楽ファイルに対応しているか等、いくつかの条件があります。ここでご紹介した機種はあくまで一例ですので、詳しくは電気店などでご確認ください。

---

10) 2011年8月現在、残念ながら販売終了となってしまいました。
　　似たような製品では、バッファロー（BUFFALO）の『BSHSBE14シリーズ』があります。

公式 19 クレーム対応

〈Subject: Re: Deficiency regarding order No. 112〉

Dear Ms. Sato,

This is in response to your email with regard to order No. 112.

We deeply regret to hear that the delivered goods have such a shortage. First of all, we have decided to arrange 30 sets of instruction manuals by airmail. They should reach you in a few days. The tracking number is 111000.

Secondly, the reason why it happened is under investigation. We will update you on that once it has been confirmed.

Sincerely yours,
Steven Howard

◆日本語訳〈件名：Re: 注文番号 112 の欠品について〉

これは注文番号 112 に関してのメールに対するお返事になります。お届けの商品にそのような欠品がありましたことを深くお詫び申し上げます。まず我々としましては、航空便にて 30 セット分の取扱説明書を送らせていただくこととしました。2、3 日中にそちらに到着するはずです。追跡番号は 111000 です。
次に、今回の原因については現在調査中です。原因が確認されましたら至急ご連絡致します。

英語脳を身につけよう

> これは注文番号112に関してのメールに対するお返事になります。
> This is in response to your email with regard to order
> No. 112.

この文のポイントは、**in response to**「〜への返事」という言い回しを知っているかどうかです。知ってさえいれば、**This is a pen.** の文と同じように、主語と動詞を **this is** だけで組み立てることができます。
ちなみに **in response to** は TOEIC でもよく見かけますので、知らなかった方はここで覚えておいて損はありません。このような言い回しを知っておくことで、長文の読解スピードが上がります。

> まず我々としましては、航空便にて 30 セット分の取扱説明書を
> 送らせていただくこととしました。
> First of all, we have decided to arrange 30 sets of
> instruction manuals by airmail.

「我々は＝ we」が主語、「決定しました＝ have decided」が動詞です。なぜ **have decided** という現在完了形を使っているのでしょうか。恐らくこの書き手は、先日の E メールを受け取ってから上司に相談したり工場に確認したりしながら、どこかのタイミングで「航空便で送る」という決断を下したはずです。今このメールを書いている時点では既にそのことが決まっており、また、既に決まっているということを強調したいから、現在完了形にしているのです。

語彙

in response to	〜に対する返事として
with regard to	〜に関して
first of all	第一に
update	情報を更新する

クレーム対応

重要表現

＊**Please send back the defective items.**

不良品はご返品ください。

＊**We will cover the freight cost.**

運送費は弊社で負担致します。

＊**We will make every effort to prevent a recurrence.**

再発防止のため、あらゆる努力を施す所存です。

＊**We are afraid we cannot accept returns with regard to this matter.**

恐れ入りますが、本件に関しては返品はご容赦いただきますようよろしくお願い申し上げます。

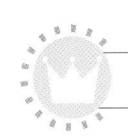

ドリル　書いて覚えよう！

1. これは注文番号 112 に関してのメールに対するお返事になります。

This is ___ ___ ___ your email with regard to order No. 112.

---

2. 我々としましては、航空便にて 30 セット分の取扱説明書を送らせていただくこととしました。

We (decided, to, have, arrange) 30 sets of instruction manuals by airmail.

---

3. 今回の原因については現在調査中です。

The reason why it happened is ___ ___ .

---

4. 原因が確認されましたら至急ご連絡致します。

We will update you on that (it, been, confirmed, has, once).

クレーム対応

コラム　ビジネスEメールの英文法① 文型

ここからのコラムでは数回に分けて、Eメールを書く上で大切な文法項目を解説します。まずは英語の「文型」について見ていきましょう。文型とは、英語の文を「主語」(S)、「動詞」(V)、「目的語」(O)、「補語」(C)の4つの要素で表したものです。

本書でも「英語脳を身につけよう」で繰り返し説明しているように、英語は言葉の順番が大切です。もちろん例外もありますが、基本は最初に「主語」が来て、次に「動詞」が来ます。そして使われる動詞によってそれ以降の組み立てが決まってくるのです。

英語には全部で5文型あり、以下のように分類されます。

第1文型　主語(S)＋動詞(V)
例) I agree with you.（あなたに同意します）
　　S　V

第2文型　主語(S)＋動詞(V)＋補語(C)
例) She is beautiful.（彼女は美しい）
　　S　V　　C

第3文型　主語(S)＋動詞(V)＋目的語(O)
例) We studied your request.（我々はあなたのご要望を検討致しました）
　　S　　V　　　　O

第4文型　主語(S)＋動詞(V)＋目的語(O)＋目的語(O)
例) I bought my son a present.（私は息子にプレゼントを買った）
　　S　V　　　O　　　O

第5文型　主語(S)＋動詞(V)＋目的語(O)＋補語(C)
例) I call him Tom.（私は彼をトムと呼ぶ）
　　S　V　　O　　C

ここでは第3文型に絞ってもう少し見ていきましょう。
なぜ第3文型かというと、文型の中で最も基本といわれる形が第3文型で、英文を書く際にもよく使うからです。

第3文型の例を挙げます。

<u>We</u> <u>discussed</u> <u>the plan</u>. （我々はその計画について話し合った）
　S　　　V　　　　O

We は主語、discuss が動詞です。動詞には大きく分けて自動詞と他動詞の2種類があります。自動詞とは　<u>The sun</u> <u>rises</u>.「日は昇る」
のように主語と動詞で意味が作られます。　　S　　　V
他動詞は動詞の後ろに「目的語」と呼ばれる動作の対象となるもの（名詞か代名詞）を続けることで意味を表します。discuss は他動詞ですので、後ろに目的語（上の例では「the plan」）が続くのです。これは discuss に「～について」という意味も含まれているからと考えることもできます。逆に言えば、discuss about the plan とは言えないということです。

その他にも第3文型で目的語を取る例としては

<u>We</u> <u>provide</u> <u>a 5% discount</u>. （我々は5％の値引きを提供致します）
　S　　　V　　　　O

<u>I</u> <u>appreciate</u> <u>your help</u>.　　　（ご協力に感謝致します）
S　　　V　　　　O

などが本書でも出てきました。

学生時代に習ったのを思い出しましたか？　文型は英語を組み立てるときに、最初に大切になる文法事項です。今後本格的に E メールを書く必要があるのに文型の話がピンと来ない方は、薄めの参考書などで一通り復習をしておくことをお勧めします。

公式 20 新商品の案内

⟨Subject: Announcement of new model⟩

Dear Paul,

I am delighted to show you our new digital camera, which is to be launched in May. The resolution of the new model has been increased by 20% over the previous model.

For further information, please visit our website at:
http://www.cameracamera.co.jp/

Should you have any questions, please let us know.

Thank you,
Takuya

◆**日本語訳**〈件名:新商品のお知らせ〉

5月に導入される新しいデジタルカメラをお見せできることを嬉しく思います。新商品の解像度は以前の機種と比較して20%アップしています。

より詳しい情報については、弊社ウェブサイト
http://www.cameracamera.co.jp/ をご覧ください。

ご質問がございましたら、どうぞお知らせください。

英語脳を身につけよう

> 5月に導入される新しいデジタルカメラをお見せできることを嬉しく思います。

> I am delighted to show you our new digital camera, which is to be launched in May.

少し長い文です。まず「私は嬉しく思う」は **I am delighted to do** の表現を使います。**do** の部分は動詞が入ります。ここでは「見せる」(**show**)が適切です。メールに商品の画像が添付してあるイメージです。
show という単語は「**show** +人+物」と使うので、次に続くのは「人」(**you**)、「物」(**our new digital camera**) になります。

ではどんな商品なのかというと、5月に導入予定なのだということを関係代名詞 **which** を使って表現しています。
関係代名詞はちょっと苦手という人も、これが使えると表現の幅が倍増しますので頑張って慣れる甲斐はありますよ。

I am delighted to show you <u>our new digital camera</u>.
<u>Our new digital camera</u> is to be launched in May.

→ **I am delighted to show you our new digital camera, which is to be launched in May.**

2つ目の文から先行詞にあたる **our new digital camera** を取って、**which** に変えれば完成です。詳しくはコラム(p.142)でも取り上げます。

語彙

be delighted to do	～できて嬉しい
launch	導入する
resolution	解像度
Should you [= If you should]	もし～なら

新商品の案内

重 要 表 現

* **For more information, please have a look at the new product page on our website.**

  さらなる情報については、どうぞ我々のウェブサイトにございます新商品ページをご覧ください。

* **We have already received a lot of inquiries since the press release last week.**

  先週のプレス発表以来、既にたくさんのお問い合わせをいただいております。

* **Please visit our showroom in Tokyo to see the real thing.**

  現物をご覧になるには東京のショールームにお越しください。

* **We are pleased to announce that we are going to market our new model in June.**

  6月に発売予定の新商品を発表することができ、嬉しく思います。

ドリル　書いて覚えよう！

1. 5月に導入される新しいデジタルカメラをお見せできることを嬉しく思います。

I _____ _____ _____ show you our new digital camera, which is to be launched in May.

2. 新商品の解像度は以前の機種と比較して20％アップしています。

The resolution of the new model has been increased _____ _____ _____ the previous model.

3. より詳しい情報については、弊社ウェブサイトをご覧ください。

For further information, please (visit, website, our).

4. ご質問がございましたら、どうぞお知らせください。

(you, have, any, Should) questions, please let us know.

新商品の案内

コラム　ビジネスEメールの英文法②　関係代名詞1（主格と目的格）

ここでは、Eメールを書く上で重要な関係代名詞について見ていきましょう。一見複雑に見える関係代名詞ですが、一度モノにしてしまえば、先行する名詞を修飾する文を書くことが容易になり、その結果、より伝わる文章が書けるようになります。
次の2つの文を見てください。

〈例1〉
①I am delighted to show you our new digital camera.
　（新しいデジタルカメラをお見せできることを嬉しく思います）

②Our new digital camera is to be launched in May.
　　　（新しいデジタルカメラは5月に導入されます）
　↓　whichに変える
which is to be launched in May.
　主語 動詞

①が修飾される側、②が修飾する側の文としてこの2つの文をつなぐと、

→ **I am delighted to show you our new digital camera, which is to be launched in May.**
　（5月に導入される新しいデジタルカメラをお見せできることを嬉しく思います）
のようにp.139の例文になります。

①のour new digital cameraが先行詞と呼ばれる名詞です。この先行詞を②の文が修飾します。このとき、この2つの文をつなぐwhichを「関係代名詞」と呼びます。例文の場合はdigital cameraという

「人以外のもの」なので、which を使っています。もし先行詞が、the man など「人」を表す場合には who を使います。また②では which is のように関係代名詞が主語として働いています。

〈例2〉
①We have no choice but to cancel the order.（その注文をキャンセルする以外にない）
　　　　　　　　　　　　　　　　　　先行詞
②We placed the order for next month.（翌月分として発注した）
　S　V　　O → which

→ **We have no choice but to cancel the order（which）we placed for next month.**
（翌月分として発注済みの注文を、キャンセルさせていただかざるを得ません）

先行詞は「注文」という「人以外のもの」にあたるので、関係代名詞は which を使います。この場合は②の中で which は目的語にあたりますので、目的格の関係代名詞と呼ばれます。また目的格の関係代名詞はこの例のようにしばしば省略されます。

関係代名詞をまとめると下の表のようになります。迷ったときは参考にしてください。

参考：関係代名詞[11]

先行詞	主格	所有格	目的格
人	who	whose	who(m)
人以外	which（例1）	whose	which（例2）
人・人以外	that	—	that

---

11)『Forest 6th edition』(桐原書店) p.293 を参照

新商品の案内

◆例題

1. The meeting was led by the vice president ------- has a good understanding of the product.

(A) who
(B) what
(C) where
(D) which

2. These are the minutes ------- I took during the product planning meeting last year.

(A) whom
(B) where
(C) who
(D) which

1. 訳 その会議は商品をよく理解している副社長によって主導された。

解説 もとの文は、The meeting was led by the vice president. と The vice president has a good understanding of the product. です。

先行詞は the vice president（副社長）という「人」なので、関係代名詞は who になります。

正解 （A）

2. 訳 これは去年の商品企画会議で私が書いた議事録です。

解説 These are the minutes. と I took the minutes during the product planning meeting last year. の2文からなる文です。先行詞は the minutes（議事録）という「物」で、2つ目の文で目的語として働く例です。よって関係代名詞は which になります。

正解 （D）

公式 21 連休の案内

⟨Subject: Notification of holiday dates⟩

Dear Sir or Madam,

Please be advised that ABC division will close from April 29th to May 6th, based on our annual calendar.

Your understanding would be highly appreciated.

With best regards,
Kazuko Tanaka

◆**日本語訳**〈件名：休業日のお知らせ〉

ABC事業部は弊社の年間カレンダーに基づき、4月29日から5月6日まで休暇となることをお知らせ致します。

何卒よろしくお願い申し上げます。

英語脳を身につけよう

> ABC事業部は4月29日から5月6日まで休暇となることをお知らせ致します。
> Please be advised that ABC division will close from April 29th to May 6th.

Please be advised はお知らせをするときの決まり文句です。直訳すると「お知らせされてください」から転じて「お知らせします」という意味になります。
that 節の中は「ABC事業部は」が主語ですね。予定について述べる文なので、未来形「will ＋動詞」にします。動詞は「休業」を表す close とするのが自然でしょう。「いつからいつまで」という表現は、"from 〜 to..." で表すことができます。

> 弊社の年間カレンダーに基づき
> based on our annual calendar

「〜に基づき」を表す based on は、ほとんど決まり文句のように使われます。
他に、「夏期休暇のため」と言うなら、based on our annual calendar を due to the summer holiday とすれば OK です。

> 何卒よろしくお願い申し上げます。
> Your understanding would be highly appreciated.

直訳すると「あなたのご理解に感謝します」という文になりますが、主語や動詞の構成を考えるよりも、このようなフォーマルな文章で使われる結びの1文として覚えておくとよいでしょう。

語彙

Dear Sir or Madam	拝啓
Please be advised	〜をお知らせ致します
annual	年間の
highly	大いに

連休の案内

重要表現

* **To whom it may concern,**
  関係各位

* **If you have any urgent matters during this period, please call me at xxx-xxx-xxx.**
  その期間に急用がございましたら、xxx-xxx-xxx までご連絡願います。

* **We will stop operations for the whole day of February 21st due to stocktaking.**
  弊社は棚卸しのため、2月21日は終日営業を停止致します。

* **As a power conservation measure, we will shorten our business hours from December through January.**
  節電のため、12月から1月は営業時間を短縮します。

ドリル　書いて覚えよう！

1. ABC事業部は休暇となることをお知らせ致します。
Please (advised, be, that) ABC division will close.

_____

_____

2. 4月29日から5月6日まで
_____ **April 29th** _____ **May 6th**

_____

_____

3. 弊社の年間カレンダーに基づき
_____ _____ **our annual calendar**

_____

_____

4. 何卒よろしくお願い申し上げます。
Your understanding (be, would, appreciated, highly).

_____

_____

連休の案内

コラム　ビジネスEメールの英文法③　関係代名詞 2(what と that)

このコラムでは、関係代名詞の what と that について見てみましょう。まず what は、「先行詞がいらない関係代名詞」と言われます。先行詞は what の中に含まれると考えてください。つまり、what = "the thing which" と考えるとわかりやすいと思います。

例）That is **what** I want. （あれが私のほしいものだ）
= That is the thing. + I want the thing.
= That is the thing which I want. ［the thing が先行詞］

一方で、that は which の代わりに用いることができます。who, who(m) の代わりに使用することもできますが、人を先行詞にする場合は who, who(m) を使うことが多いです。なお、カンマの後に関係代名詞が来る場合は that を使うことはできません。

◆例題

1. I will show you ------- I explained in my previous email.
(A) that
(B) why
(C) what
(D) if

2. The shipment date ------- I informed you about has been put back due to the typhoon.
(A) that
(B) as
(C) what
(D) who

1. 訳 以前のEメールで説明したものを見せるよ。
解説 動詞 show は目的語に「人＋物」を取りますので、空欄には「見せる物」が入るはずです。一方で続きの文は I explain「私は説明する」の目的語にあたる語がないことから、関係代名詞が入ることがわかります。この例のように、先行詞を含む関係代名詞は what になります。

正解 （C）

2. 訳 ご案内の出荷予定日が台風の影響で遅れております。
解説 以下の2文を、関係代名詞を使って1つにまとめたものが3つ目の文です。

The shipment date has been put back due to the typhoon.
（出荷予定日が台風の影響で遅れている）
I informed you about the shipment date.
（私は出荷予定日を案内した）

→**The shipment date which I informed you about has been put back due to the typhoon.**

the shipment date が先行詞になり、後ろの文では the shipment date が前置詞 about の目的語ですので、関係代名詞は目的格の which が入ります。選択肢に which がないので、この場合は that が正解になります。目的格の which がしばしば省略されるように、that も省略可能です。

正解 （A）

第3章
出張関係

22　出張日程
23　ホテルの予約依頼
24　フライト情報の連絡
25　不在のお知らせ
26　出張後のお礼

公式 22 出張日程

⟨Subject: Suggested schedule for my business trip⟩

Dear Ms. Wilson,

If you are available, I would like to visit you from Nov. 11th to 14th.

The purpose of this trip is to discuss the budget plan for next year. Also, I would like you to take me to the market.

Please let me know whether this schedule is agreeable to you.

Best regards,
Taichi Yamamoto

◆**日本語訳**〈件名:出張日程について〉

もしお時間をいただけそうでしたら、11月11日から14日までそちらを訪問させていただきたいと思います。

今回の出張の目的は来年の予算について話し合うことです。また、市場にも連れて行っていただきたいと思っています。

この日程でご同意いただけるかどうか、お知らせください。

英語脳を身につけよう

〉今回の出張の目的は来年の予算について話し合うことです。
〉**The purpose of this trip is to discuss the budget plan**
〉**for next year.**

主語は「目的は＝ purpose」。ここでは「予算について話し合う」という特定の目的のことを示しますので the がつきます。動詞は一見すると「話し合う」となりそうですが、ここは「〜です＝ is」とするのが簡単な方法です。is 以下は「to discuss ＝〜を話し合うこと」とし、続く「〜を」の部分には「the budget plan for next year ＝来年の予算案」と入れます。discuss と言えばつい「〜について＝ about」とつけてしまいがちですが、実際は入れませんので気をつけましょう。

〉市場に連れて行っていただきたいと思っています。
〉**I would like you to take me to the market.**

「〜してほしい」という依頼を丁寧に伝えてみましょう。丁寧なお願いと言えば **I would like to do** の形が一般的ですが、自分がするのではなく、相手にしてほしい場合には **I would like "you" to do** という語順になります。to 以下にはお願いしたい内容を持ってくれば完成です。「**take me to** ＋場所」はどこかへ連れて行ってもらう場合の決まり文句です。

語彙

Nov.［＝ **November**］	11月
the purpose of	〜の目的
budget plan	予算案

出張日程

重要表現

* **If these dates are not possible, please let me know when would be convenient for you.**

  もしその日程が不可でしたら、いつご都合がつくか、教えてください。

* **I am unable to secure the dates you requested. However, my boss would be happy to have a meeting with you on my behalf.**

  私はその日程は都合がつきません。しかし私の代わりに上長が喜んで打ち合わせの場を設けます。

* **Due to an unexpected problem, I have to ask you to reschedule our meeting.**

  突発的な問題で、会議日程の再調整をお願いしなくてはなりません。

* **If the schedule does not meet your convenience, please suggest another date and time.**

  もし日程がご都合に合わなければ、どうか別の日時をご提案ください。

ドリル　書いて覚えよう！

1. 11月11日から14日までそちらを訪問させていただきたいと思います。

I (like, to, visit, would) you from Nov. 11th to 14th.

_____

_____

2. 今回の出張の目的は来年の予算について話し合うことです。

____ ____ ____ this trip is to discuss the budget plan for next year.

_____

_____

3. また、市場にも連れて行っていただきたいと思っています。

Also, I ____ ____ ____ ____ take me to the market.

_____

_____

4. この日程でご同意いただけるかどうか、お知らせください。

Please let me know whether (this, is, schedule, agreeable) to you.

_____

_____

出張日程

コラム　ビジネスEメールの英文法④　関係代名詞3(非制限用法)

関係代名詞には制限用法と非制限用法があります。形としては関係代名詞の前にカンマがあるかないかの違いですが、意味が変わってきてしまいます。Eメールを書く際には注意してください。
下記の問題で、関係代名詞にカンマがつくとどんなニュアンスになるのかを見てみましょう。

◆例題

1. I am delighted to show you our new digital camera, ------- is to be launched in May.

(A) which
(B) who
(C) what
(D) where

2. The Japanese market, ------- crashed last year, made a strong comeback.

(A) whose
(B) that
(C) which
(D) whom

1. 訳 5月に導入される新しいデジタルカメラをお見せできることを嬉しく思います。

解説 p.138の文です。p.142の解説の通り、ここには主格の関係代名詞が入ります。空欄の前にはカンマがあるため、これは非制限用法と呼ばれる用法です。

「新商品を見せることができて嬉しい」に話の力点があり、「そしてそれは5月に導入されます」と、導入予定のことは情報としてつけ加えているニュアンスです。もしここにカンマがなかったら（制限用法）、「たくさんあるデジタルカメラの新商品のうち5月に導入される」といった意味になり、導入予定に焦点をあてて、モノを特定するニュアンスが強くなります。実際のEメールではどちらが正解ということではなく、強調したいものに応じて使い分けます。

正解 （A）

2. 訳 昨年暴落した日本市場は、力強く盛り返してきた。

解説 空欄の後に動詞がありますので、主格の関係代名詞が入ります。空欄の前にはカンマがあるため、これも非制限用法と呼ばれる用法です。

もしカンマなしなら、「たくさんある日本市場のうち、昨年暴落した日本市場」というおかしな意味になってしまいます。カンマをつけて非制限用法にすることで、「日本市場は—それは昨年暴落したのですが—」というニュアンスを出しています。「人以外」の主格なので、thatも正解なんじゃないの？と思う方もいるかもしれませんが、カンマの後にthatが来ることはありません。

正解 （C）

公式 23 ホテルの予約依頼

⟨Subject: Request for hotel arrangement⟩

Dear Ms. White,

As per my previous email, I am planning a business trip from February 12th to 14th.

Accordingly, I would appreciate it if you could make a reservation for the ABC Hotel. I would prefer a non-smoking room with breakfast included.

Best regards,
Nobu Ishii

◆**日本語訳**〈件名：ホテル手配のお願い〉

先のEメールの通り、2月12日から14日まで出張を予定しております。

つきましては、ABCホテルを予約しておいていただけると大変ありがたく存じます。できましたら朝食込みの禁煙の部屋をお願い致します。

英語脳を身につけよう

> 先の E メールの通り、2 月 12 日から 14 日まで出張を予定しております。
> **As per my previous email, I am planning a business trip from February 12th to 14th.**

隠れた主語は「私は」で、動詞は「予定している」ですね。近い未来のことですので現在進行形で書いています。**business trip** は頻出語ですから、ここで覚えておきましょう。
「～から…まで」は "**from ～ to ...**" で表すことができますので、これにあてはめれば完成です。

> つきましては、ABC ホテルを予約しておいていただけると大変ありがたく存じます。
> **Accordingly, I would appreciate it if you could make a reservation for the ABC Hotel.**

「私は」(主語)、「感謝します」(動詞)と読み替えましょう。丁寧に頼みごとをするときの定型文の1つです。「予約する」を表す **make a reservation** も決まった言い回しですので、覚えておくと、E メールをさくっと書き上げることができるようになります。

語彙

as per	～のように
accordingly	従って
appreciate	感謝する
make a reservation	予約する

ホテルの予約依頼

重要表現

* **Could you find and reserve a hotel which is under $100 per night?**
1泊100ドル以下のホテルを探して予約していただけませんか?

* **Once you have decided, please let us know the name of the hotel and its location.**
決まりましたらホテル名と場所をお知らせ願います。

* **Would it be possible to reschedule the reservation to July 14th?**
予約を7月14日に変更していただくことは可能でしょうか。

* **I am sending a map to the hotel just in case.**
念のため、ホテルへの地図を送付します。

ドリル 書いて覚えよう！

1. 先の E メールの通り、

____ ____ my previous email,

---

2. 2月 12 日から 14 日まで出張を予定しております。

I am planning ____ ____ ____ from February 12th to 14th.

---

3. つきましては、ABC ホテルを予約しておいていただけると大変ありがたく存じます。

Accordingly, I would appreciate it if you (could, a, reservation, make) for the ABC Hotel.

---

4. できましたら朝食込みの禁煙の部屋をお願い致します。

I would prefer a non-smoking room (included, with, breakfast).

ホテルの予約依頼

コラム　ビジネスＥメールの英文法⑤　受け身の形（be 動詞＋過去分詞）

このコラムでは 3 つのケースを取り上げ、「受動態」と呼ばれる受け身の形について見ていきます。
受動態は「主語が〜される」という意味を表し、「be 動詞＋過去分詞」の形を取ります。
話の力点がどこに置かれるかによって、「主語が〜する」（能動態）の文になるか「主語が〜される」（受動態）の文になるかが変わってきます。
受動態は一般的に、能動態の目的語（O）を主語（S）にし、動詞を「be＋過去分詞」の形にして作ります。目的語が主語になるということは、使われる動詞は必ず他動詞になります。

具体的に見ていきましょう。

The typhoon has put back the shipment date.
（台風が出荷予定日を遅らせた）　　　O
　↓
The shipment date has been put back due to the typhoon.
　　　S
（出荷予定日は台風によって遅れた）

上の文は「台風が出荷予定日を遅らせた」とあるように、「台風」が話題の中心です。
下は日程の案内をしている例文の中で使われており、「出荷予定日」の話題が中心と考えられます。従って、出荷予定日が台風によって「遅らせられた」という受け身の形になります。日本語との発想の違いに注目してください。

We have increased the resolution of our new digital camera by 20%.
　　　　　　　　　　　　　　　　　　　　　　　　　　O
（弊社は新デジタルカメラの解像度を 20％アップさせた）
　↓
The resolution of our new digital camera has been increased by 20%.
　　　　　　　　　　　　　　　　　　　S
（弊社の新デジタルカメラの解像度は 20％アップした）

上の文は「弊社は解像度をアップさせた」とあり、会社が主役ですが、下の文では「製品の特徴」のほうに力点が置かれています。製品側から見れば人の手によって性能がアップさせられるわけですから、ここは受け身の形になるというわけです。ここでの by は「程度」を表す by で、「20％分」という意味です。「20％ によって」ではありませんので気をつけてください。

Your sales strategy impressed me.
　　　　　　　　　　　　　　　　O
（御社の販売戦略が私に感銘を与えました）
　↓
I was impressed by your sales strategy.
S
（私は御社の販売戦略に感銘を受けました）

ここでは、impress という他動詞が「（人）に感銘を与える」という意味で使われています。I impressed 〜では「私が〜に感銘を与えた」という意味になってしまいます。そのため、自分が「感銘を受けた」という場合は受け身の形になります。このような感情や心理状態を表す動詞は大半が「人を〜させる」という意味の他動詞で、「私が〜する」という場合は受動態の形で使われます。impress の他によく使われる表現には I am surprised「驚く」や I am excited「興奮する」などがあります。

第3章 出張関係

公式 24 フライト情報の連絡

〈Subject: Request for airport pickup〉

Dear John,

Thank you for your continual support.

As discussed, I will visit you next week. I am writing to ask you to pick me up at the airport on the day.

My flight information is as below:
Emirates 338
Arrival 11:30 am

If you are not available, could you ask someone else instead? Thank you.

Regards,
Takashi

◆**日本語訳**〈件名：空港での送迎依頼〉

日頃はお世話になりありがとうございます。
打ち合わせの通り、来週そちらを訪問する予定です。その日、空港で迎えをお願いしたくメールしています。

フライト予定は以下の通りです。
エミレーツ航空　338便
午前11:30着

もしご都合が悪い場合は、どなたか代わりの方をお願いできますか？　よろしくお願い致します。

英語脳を身につけよう

〉その日、空港で迎えをお願いしたくメールしています。
〉 I am writing to ask you to pick me up at the airport on
〉 the day.

この文では、決まり文句として **I am writing to** で始めています。**to** 以下は、"**ask** ＋人＋ **to do**" の形で「人に〜するようお願いする」という意味になります。
「迎える」は **pick up** ですが、「私を」という代名詞が来る場合には **pick me up** という語順になりますので注意してください。

〉もしご都合が悪い場合は、どなたか代わりの方をお願いできます
〉か？
〉 If you are not available, could you ask someone else
〉 instead?

疑問文の形でお願いするときには **Could you 〜?** が便利です。これまでにも出てきた **I would like you to do** という形でも表現することが可能です。
you に続く動詞は「お願いする」という意味の **ask** が適切でしょう。

語彙

pickup	送迎
on the day	当日
instead	代わりに

フライト情報の連絡

重要表現

* **There is a shuttle bus service from the international airport to the hotel, which is free of charge.**
  国際空港からホテルまではシャトルバスが運行していて、無料で乗ることができます。

* **Please call me when you arrive and I will come to pick you up soon.**
  到着したら電話をください、すぐに迎えに参ります。

* **If there are any changes, I would be grateful if you would contact me immediately.**
  もし何か変更があれば、すぐにご連絡いただけますと幸いです。

* **I am looking forward to seeing you on the day.**
  当日お会いできるのを楽しみにしております。

ドリル　書いて覚えよう！

1. 打ち合わせの通り、来週そちらを訪問する予定です。

_____ _____, I will visit you next week.

2. その日、空港で迎えをお願いしたくメールしています。

I am writing to ask you (pick, up, me, to) at the airport on the day.

3. フライト予定は以下の通りです。

My flight information is _____ _____:

4. もしご都合が悪い場合は、どなたか代わりの方をお願いできますか？

If (are, available, you, not), could you ask someone else instead?

フライト情報の連絡

コラム　ビジネスEメールの英文法⑥　過去形と現在完了形の使い分け

現在完了形といえば、文法上は、「経験」「結果」「完了」「継続」を表します。なんとなくはわかるけど、いざ自分で書いてみると「過去形と何が違うの？」という人も多いのではないでしょうか。実際には過去形との使い分けは判断が難しいことも多いのですが、例えば p.84 や p.132 のように、既に結論が出ていて「今そうなっている」ということ（完了・結果）を強調する場合に用います。

ただし、現在完了形は過去の1点を表す語の four years ago「4年前に」や in 2010「2010年に」などと一緒に使うことができません。この場合は過去形を使います。
現在完了形は過去から現在までの時間の経過を表す言葉と一緒に使われることが多いです。例えば since last year「昨年以来ずっと」や、recently「最近は」などがそれにあたります（継続）。

◆例題

1. Yesterday, we ------- to arrange 30 sets of instruction manuals by airmail.

(A) have decided
(B) decide
(C) decided
(D) decision

2. Since this April, I ------- in charge of marketing here.

(A) am

(B) have been

(C) was

(D) am being

1. 訳 昨日我々は航空便で取扱説明書を 30 部送ることを決めた。

解説 p.132 ではほぼ同じ文を現在完了で表現していますが、ここでは過去形が正解です。なぜなら Yesterday という過去の 1 点を表す語句が使われているからです。この場合は「昨日」という点に意識が置かれていますので、過去形を使うわけです。

正解 （C）

2. 訳 この 4 月からここでマーケティングに携わっています。

解説 p.28 からの出題です。Since が過去から現在までの時間を表しているので、ここは現在完了形の（B）が正解です。もし Since this April という語句を取って、単独で I am in charge of ～と言えば、「今～を担当しています」ということで（A）も問題なく使えます。この have been は、現在完了形のうちの「継続」を表す用例です。

正解 （B）

公式 25 不在のお知らせ

⟨Subject: Out of office⟩

Dear Mr. Brown,

I am afraid I will be out of the office on an overseas business trip. I will be away from tomorrow afternoon to March 27th.

I have a mobile phone, but in case of emergency, please contact Ms. Kato while I am away.

Yours sincerely,
Akiko Hayashi

◆**日本語訳**〈件名:不在のお知らせ〉

申し訳ございませんが、海外出張のため不在となります。不在期間は明日の午後から3月27日までです。

携帯は所持しておりますが、不在中、緊急時には加藤にご連絡をお願いします。

英語脳を身につけよう

〉不在期間は明日の午後から3月27日までです。
〉**I will be away from tomorrow afternoon to March 27th.**

日本語訳を直訳しようとすると、「不在期間は」が主語になります。
でもちょっと難しいですよね。こんなときは、日本語を読み替えて、簡単な英語に直すと楽になります。
主語に I、動詞に「不在にする」という意味の **be away** を使って組み立てましょう。

〉不在中、緊急時には加藤にご連絡をお願いします。
〉**In case of emergency, please contact Ms. Kato while I**
〉**am away.**

主語を省いて「**please** +動詞（**contact**）」でお願いする形です。
接続詞 **while** の後は、「私が」「いない」ということですから、**I am away** で表現しています。

語彙

out of the office	不在の
overseas	海外の
in case of emergency	緊急時には
while	〜の間

不在のお知らせ

重要表現

＊**The time difference between Tokyo and London is nine hours.**

東京とロンドンとの時差は9時間になります。

＊**I will not be able to check email while I am away.**

不在中はEメールのチェックはできません。

＊**You can reach me at xxx-xxx-xxx.**

私とはxxx-xxx-xxxの番号で連絡がつきます。

＊**I will be back in the office from June 12th.**

オフィスへの戻りは6月12日になる予定です。

ドリル　書いて覚えよう！

1. 申し訳ございませんが、海外出張のため不在となります。

I am afraid I will be (of, the, office, out) on an overseas business trip.

---

2. 不在期間は明日の午後から3月27日までです。

I _____ _____ _____ from tomorrow afternoon to March 27th.

---

3. 不在中、緊急時には加藤にご連絡をお願いします。

_____ _____ _____ emergency, please contact Ms. Kato while I am away.

---

4. オフィスへの戻りは6月12日になる予定です。《重要表現から》

I will (back, in, be, office, the) from June 12th.

不在のお知らせ

コラム　ビジネスEメールの英文法⑦　分詞構文

分詞とは動詞が -ed[12]（過去分詞）や -ing（現在分詞）の形を取ったもので、文中で形容詞のように名詞を修飾したり、補語の役割を果たしたりするのが主な働きです。分詞構文とはその分詞を使って、文に副詞的な説明を加えるものです。2つの文を1つにまとめ、シンプルな文にすることができます。分詞構文は書き言葉で使われることが多く、これが使えるようになってくると、徐々に洗練された文章も書けるようになります。

〈例1〉
分詞構文の作り方を2ステップで確認していきましょう。
以下の太字部分が分詞構文です。

Considering the current market situation, we are able to provide a 5% discount this time only.
（現在の市況を考慮し、今回だけ5％の値引きにて対応させていただきます）

ステップ1　接続詞で結ばれる2つの文において、主語が一致する場合に、接続詞と主語を省く

上の例文はもともと次のような2文でした。
We consider the current market situation and
we are able to provide a 5% discount this time only.

主語はどちらの文も we です。接続詞 and によって結ばれています。

---

[12] 例外として「見る」（see-saw-seen）の過去分詞 seen のように不規則変化をするものもあります。

ステップ1の通り、we と and を取ります。
~~We~~ consider the current market situation ~~and~~
we are able to provide a 5% discount this time only.

ステップ2 残った動詞を、「主語が〜する（能動態）」なら -ing、
「主語が〜される（受動態）」なら -ed の形に変える

Considering the current market situation,
we are able to provide a 5% discount this time only.
ここは「私たちが考慮する」ですから、-ing をつければ完成です。

〈例2〉
If our new product is compared with our competitors,
our new product has two advantages.
（競合他社と比較すると、弊社の新製品には2つの強みがあります）

ステップ1 2つの文で主語が一致する場合に、主語と接続詞を省く
~~If our new product~~ is compared with our competitors,
our new product has two advantages.

ステップ2 動詞を能動態なら -ing、受動態なら -ed の形に変える
Compared with our competitors, our new product has two advantages.

ここで日本語につられて -ing をつけないように気をつけましょう。この場合は is compared のように動詞が受け身の形になっていますので、動詞は Compared の形にします。
この Compared with「〜と比べて」という表現は慣用表現になっていますので、決まり文句として覚えてしまってもよいでしょう。

第3章 出張関係

公式 26 出張後のお礼

〈Subject: Thanks for a great visit〉

Dear Ms. Anderson,

Thank you very much for your time last week. I was very impressed by your sales strategy in your market.

During our time with you, we learned some ways to expand our business. I am going to put into action some of the solutions we made.

Again, I appreciate your help while I was visiting you.

Best regards,
Shinji Ozawa

◆**日本語訳**〈件名:訪問のお礼〉

先週はありがとうございました。貴国での販売戦略に感銘を受けました。

訪問中、我々のビジネスを拡大するためのいくつかの方策を学びました。策定した解決策を実行に移してゆく所存です。

改めまして、訪問中のご協力に感謝致します。

英語脳を身につけよう

> 訪問中、我々のビジネスを拡大するためのいくつかの方策を学び
> ました。
> During our time with you, we learned some ways to
> expand our business.

日本語では主語が省略されていますが、ここは数名で現地を訪問した場面を想定しているため、英語では we を使います。
次の動詞は「〜を学んだ= learned」です。「〜を」にあたる部分は「方策= way」としています。この way という単語は「道」の意味の他に、このように「方法」「手段」などの意味があり、よく使われます。

> 策定した解決策を実行に移してゆく所存です。
> I am going to put into action some of the solutions we
> made.

ここは担当者として今後への決意を述べていますので、I を主語とします。会社としてということなら we でもいいでしょう。動詞は「〜を実行に移す =put 〜 into action」を、予定を表す「be going to」と共に用います。put の後には「〜を」にあたる言葉を持ってくるのが本来の使い方なのですが、ここではその言葉が some of the solutions we made と長いため、順番が入れ替わって後ろに来ています。

語彙

be impressed	感心する
strategy	戦略
put 〜 into action	〜を行動に移す
solution	解決策

出張後のお礼

重要表現

* **Please give my best regards to Mr. Tanaka.**
  田中様によろしくお伝えください。

* **Thank you for taking the time to have the meeting during my stay.**
  訪問中、会議の時間をお取りいただき感謝致します。

* **We hope that we continue to have a good relationship with you in the future.**
  御社とは今後ともよい関係を築いていきたく、何卒よろしくお願い申し上げます。

* **Thank you again.**
  （文末で）重ねてお礼申し上げます。

ドリル　書いて覚えよう！

1. 貴国での販売戦略に感銘を受けました。

I was very impressed by your ___ ___ in your market.

___

___

2. 訪問中、我々のビジネスを拡大するためのいくつかの方策を学びました。

___ ___ ___ with you, we learned some ways to expand our business.

___

___

3. 策定した解決策を実行に移してゆく所存です。

I am going (into, to, put, action) some of the solutions we made.

___

___

4. 改めまして、訪問中のご協力に感謝致します。

Again, I appreciate your help (visiting, I, while, was) you.

___

___

出張後のお礼

コラム　ビジネスEメールの英文法⑧　前置詞の使い分け(by と until)

ここでは、by と until の使い分けについて学びましょう。

by は期限を表し、「〜までに」と言うときに使います。until は「〜まで（ずっと）」という継続した状態を表します。

ビジネスにおいては「いつまでに」という期限の設定は必須のため、この使い分けは E メールでも TOEIC の文法問題でも頻出です。

◆例題

1. Please let us know your availability ------- July 30th.

(A) by
(B) until
(C) while
(D) at

2. We have to submit this report ------- the end of next week.

(A) among
(B) until
(C) by
(D) during

3. ------- the board meeting was finished, all the employees were forced to stay in the annex.

(A) On
(B) Until
(C) While
(D) By

1. 訳 恐れ入りますが、ご出席可能かどうか、7月30日までにお知らせいただけますでしょうか。
解説 空欄には7月30日「までに」という期限を表す語句が入りますので、正解はbyになります。

正解 (**A**)

2. 訳 我々は来週末までに、このレポートを提出しなければならない。
解説 来週末「までに」という期限を表すことからbyが正解になります。

正解 (**C**)

3. 訳 役員会議が終わるまで、全従業員は別館に待機させられた。
解説 会議が終わる「まで」という継続を表していますので、ここはByではなくUntilが正解です。

正解 (**B**)

第4章
会議関係

27 会議の開催案内
28 アジェンダの送付
29 日時の変更
30 議事録

公式 27 会議の開催案内

⟨Subject: Notification of meeting⟩

To whom it may concern,

Please be informed that we are going to hold a product planning meeting as follows:

Date   August 5th
Location   Singapore office

Please see the attached file for details.

Please get back to me about whether or not you can attend the meeting by July 15th.

Best regards,
Toru Terada

◆**日本語訳**〈件名：会議のお知らせ〉

関係各位
商品企画会議を以下の日程で開催致します。

日時　8月5日
開催地　シンガポールオフィス

詳細につきましては添付ファイルをご覧ください。
参加可能かどうか、7月15日までにお知らせください。

英語脳を身につけよう

〉商品企画会議を以下の日程で開催致します。
〉**Please be informed that we are going to hold a product**
〉**planning meeting as follows:**

Please be informed で始めるのは、お知らせする際の決まり文句です。「お知らせされてください」から転じて「お知らせします」という意味になります。
that 以下の文では主語を **we** にして、未来の予定を表す **be going to** を挟み、動詞は「開催する」という意味の **hold** を使います。「下記に」を表す **as follows** で結びます。

〉参加可能かどうか、7月15日までにお知らせください。
〉**Please get back to me about whether or not you can**
〉**attend the meeting by July 15th.**

「〜に知らせる」は **let 〜 know** の他に、**get back to 〜**も便利です。「〜かどうか」は接続詞の **whether**（**or not**）を使い、主語は **you**、動詞は（**can**）**attend** になります。**attend** は「会議に参加する」という意味で、**meeting** とセットで「**attend the meeting**」と使われることが多い単語です。

語彙

To whom it may concern	関係各位
Please be informed	お知らせします
location	場所
attend	出席する

第4章 会議関係

会議の開催案内

重要表現

* **I will be available Friday instead of Thursday as you indicated.**

  ご指定の木曜日ではなく、金曜日でしたら都合がつきます。

* **I have an appointment prior to the meeting, so I might join from the middle.**

  打ち合わせに先立って先約があるため、途中からの参加になるかもしれません。

* **I am afraid I will not be attending the meeting.**

  申し訳ありませんが、その会議は欠席させていただきます。

* **On the day, let me begin by introducing our new colleague.**

  当日は、まず新しい仲間の紹介から始めさせてください。

ドリル　書いて覚えよう！

1. 関係各位

To whom ____ ____ ____,

---

2. 商品企画会議を以下の日程で開催致します。

Please be informed that we (going, are, hold, to) a product planning meeting as follows:

---

3. 詳細につきましては添付ファイルをご覧ください。

Please see the attached file ____ ____.

---

4. 参加可能かどうか、7月15日までにお知らせください。

Please get back to me about whether or not (attend, can, you) the meeting by July 15th.

会議の開催案内

コラム　ビジネスEメールの英文法⑨　前置詞と接続詞の区別

今回取り上げるのは前置詞と接続詞の区別（despite/although、during/while）です。この違いは簡単に言うと、その後に動詞があるかないかということです。接続詞の場合はその後に主語と動詞が来るのに対し、前置詞の場合は名詞のみが来ます。具体的に見ていきましょう。

◆例題

1. ------- you must be busy, please follow up with the pending issue.
(A) Despite
(B) Although
(C) In spite of
(D) While

2. ABC division will close ------- the summer holidays.
(A) about
(B) while
(C) out of
(D) during

3. He will take over my duties ------- I take a two-week holiday.
(A) in
(B) during
(C) what
(D) while

1. 訳 忙しいに違いないけれど、保留事項には取り組んでくださいね。
解説 空欄の後に「主語＝ you」も「動詞＝ (must) be」もありますので、ここは接続詞が入ります。従って Although「〜けれど」か While「〜の間」のどちらかになります。意味上、逆接を表す語が適切ですので、Although が正解です。

正解 （B）

2. 訳 夏期休暇中、ABC 事業部は閉まります。
解説 日本語で考えると while「〜の間」と during「〜の間」のどちらでもいいように感じるかもしれません。ですが、ここでは接続詞である while を入れることはできません。なぜなら空欄の後ろには「the summer holidays= 夏期休暇」という名詞しかないからです。そのため、ここでは前置詞の during が正解です。

正解 （D）

3. 訳 私が 2 週間の休暇を取っている間、彼が私の仕事を担当します。
解説 主語と動詞を含む文なので、前置詞である in と during は不可。during my two-week holiday のように、主語と動詞が後に続かない形なら during でも可です。what は p.150 で見たように、先行詞を含む関係代名詞として使われる可能性があります。ただし、空欄にもし関係代名詞が入ると、my duties が先行詞ということになってしまいますから、ここでは先行詞を含む what を使うことはできません。よって while が正解です。

正解 （D）

公式 28 アジェンダの送付

⟨Subject: Agenda for meeting⟩

Dear Sir or Madam,

Regarding the monthly meeting we are planning next week, I am sending a tentative agenda. Please find the attached files.

If you have any suggestions, please let us know by Apr. 29th, so that we can revise it if necessary.

Regards,
Yoshimi Takagi

◆日本語訳〈件名:会議の協議事項〉

来週予定している月例会議について、仮の議事表を送ります。添付ファイルをご覧ください。

何かご提案があれば、必要に応じて修正致しますので、4月29日までにお知らせください。

英語脳を身につけよう

〉仮の議事表を送ります。
〉**I am sending a tentative agenda.**

「仮の」は **tentative** という言葉がよく使われます。
今このメールで自分が送っているわけですから、主語は **I**、動詞は「送る」の **send** を現在進行形にして **am sending** と表現しています。

〉必要に応じて修正致しますので
〉**so that we can revise it if necessary**

so that が接続詞として働き、**that** 以下が「〜できるように」という意味になります。主語は **we**、動詞は「修正する＝ **revise**」です。
it は **a tentative agenda** を指しています。
if necessary は正確には **"if (it is) necessary"** の略です。**if** 節の中はしばしばこのように省略されます。

語彙

agenda	協議事項、予定表
Dear Sir or Madam	ご担当各位
tentative	仮の
Apr.［＝ **April**］	4月
revise	修正する

アジェンダの送付

重要表現

* **The topics to be discussed at the meeting are specified in the attached file.**
  その会議で議論する項目は、添付ファイルに記載されています。

* **You are supposed to submit a monthly market report by the day prior to the meeting.**
  月次の市場報告を、会議の前日までに提出してください。

* **Please note that part of the agenda I sent the other day has been altered.**
  先日お送りしたアジェンダの一部が変更になっていますので、ご注意ください。

* **Please do not hesitate to make any suggestions or comments even if they are concerned with matters not on the agenda.**
  協議事項にない件であっても、ぜひ提案やコメントをしていただきますようよろしくお願い申し上げます。

ドリル 書いて覚えよう！

1. 来週予定している月例会議について、

____ the monthly meeting we are planning next week,

2. 仮の議事表を送ります。

I am sending ____ ____ ____ .

3. 4月29日までにお知らせください。

Please (us, know, let, by) Apr. 29th.

4. 必要に応じて修正致しますので

(that, so, can, we) revise it if necessary

第4章 会議関係

アジェンダの送付

コラム　仕事が終わったら遊びに行こう

さて、仕事も一段落したら、遊びに行きたいですね。特に出張中はおいしいものを食べに行くチャンスです。

以下に、事前の打ち合わせメールで使うもよし、現地での会話で使うもよし、の使えるセンテンスを集めました。ぜひ活用してください。

＊**Could you recommend a nice restaurant around here?**
（近場でよいお店を教えてくれませんか？）
会社の同僚やホテルの受付に聞いてみましょう。

＊**I'd like to have some local food. Could you tell me about it?**
（地元の料理が食べたいです。教えてもらえませんか？）
local food で「地元の料理」ですので、今日はちょっと和食をというときは代わりに "Japanese food" で OK です。

＊**I'd like to make a reservation for four at seven.**
（7時に4名で予約をお願いします）
高級レストランに行くときや、会社の同僚と同席する場合は予約を事前に入れておくと安心です。電話が不安な場合はEメールでの連絡が確実です。

＊**My name is Yuji Tanabe. I have a reservation at seven.**
（田辺裕二です。7時に予約しています）

＊**I'd like to change the booking time.**
（予約時間を変更したいのですが）
変更がある場合はこのように伝えます。キャンセルの場合は to change the booking time を to cancel the booking とします。

＊**Do you have a menu in Japanese?**
（日本語のメニューはありますか？）

＊**Can I have the bill, please?**
（勘定をお願いできますか？）

Do you have 〜？「〜はありますか？」と Can I have 〜？「〜をいただけますか？」で、たいていの用事は済ませることができます。

公式 29 日時の変更

〈Subject: Meeting postponed〉

Dear Sales Managers,

I regret to inform you that we have decided to postpone the meeting which was to be held on August 5th. The new date is to be August 25th.

Please let us know your availability again by July 30th. We apologize for any inconvenience this may have caused.

Thank you for your understanding.

Sincerely yours,
Ichiro Shimada

◆日本語訳〈件名:会議延期について〉

恐縮ですが、8月5日に開催予定だった会議日程の延期を決めましたのでお知らせ致します。新しい日程は8月25日になります。

お手数ですが7月30日までに、再度出欠をご連絡願います。この変更によりご迷惑をおかけすることをお詫び申し上げます。

ご協力ありがとうございます。

英語脳を身につけよう

> 恐縮ですが、8月5日に開催予定だった会議日程の延期を決めま
> したのでお知らせ致します。
> I regret to inform you that we have decided to postpone
> the meeting which was to be held on August 5th.

メインの文の主語は「我々は」、動詞は「決めた」。「決めた」を表す **decide** は後ろに **to do** を使う動詞ですので、ここは **decide to postpone** の形を取ります。
日程変更はこのメールを書く前に決定したことで、この時点では既に決まっていることですので、現在完了形の **have decided** になります。
逆に、いつ決めたのかに重点を置く場合は過去形で表現します（p.170参照）。

延期することになった会議がどんな会議だったのかを修飾するために関係代名詞の **which** を使っています。関係代名詞は文章の飾りですので、慣れないうちは無理に使う必要はありませんが、使えるようになってくると、グッと表現の幅が広がりますよ。

> お手数ですが7月30日までに、再度出欠をご連絡願います。
> Please let us know your availability again by July 30th.

この文も、これまでに学んできた表現を組み合わせることで作れます。
動詞には「**let** ＋人＋動詞」の形を使います。
この **let** に続く動詞の部分にはここでは「**know** ＝〜を知る」を入れ、「〜を」にあたる部分は **your availability** とします。「〜までに」は **by** が基本でしたね。

語彙

postpone	延期する
inconvenience	不便

日時の変更

重 要 表 現

* Now that a large number of people are unavailable, the meeting has been canceled.

  大多数の方々の都合がつかないため、その会議は中止されました。

* I am afraid I will be absent from the rescheduled meeting due to a business trip.

  申し訳ありませんが、出張のため、日程変更後の会議には参加できません。

* I will let you know as soon as the new date and time has been decided.

  新しい日時が決まり次第、すぐにお知らせ致します。

* Please let me know if we need to prepare anything in advance.

  前もって何か用意する必要があれば、お知らせください。

ドリル 書いて覚えよう！

1. 恐縮ですが、8月5日に開催予定だった会議日程の延期を決めましたのでお知らせ致します。

I (you, to, inform, regret) that we have decided to postpone the meeting which was to be held on August 5th.

___

2. 新しい日程は8月25日になります。

The new date _____ _____ _____ August 25th.

___

3. お手数ですが7月30日までに、再度出欠をご連絡願います。

Please _____ _____ _____ your availability again by July 30th.

___

4. ご協力ありがとうございます。

Thank (your, you, for, understanding).

日時の変更

コラム　Eメールは気合いだ!!!

ここまで見てきたように、ビジネスEメールを書く上で大事なことはいくつもあります。
しかしながら、本当に大事なことは「メールの中身」。

どんなに英語の力があっても、英文がスラスラ書けても、中身がなければ意味がありません。

例えば大切な商品の納期が遅れている場合、流暢な言い訳メールを送られても、相手からしてみたら「能書きはいいから早く届けてくれ！」と言いたくなるところでしょう。

だからこそ逆に、英語でEメールを書くことに気を取られることなく内容に集中するために、英文Eメールのライティング技術を身につけておく必要があるのではないでしょうか。

私も、送信すれば明らかに大問題になるのがわかっている、でも送らなくてはならない重たい内容の文章を、数時間かかって書き上げたあげく、なんだかんだ理由をつけて、さらに長い間、送信ボタンが押せなかった苦い経験があります。
正当な理由もなくぐずぐず引き延ばしている場合、たいてい状況は悪化します。

ビジネスである以上、必ずあなたのメールを待っている人がいます。
最後は勇気を持って送信ボタンを押してください。

第4章 会議関係

公式 30 議事録

⟨Subject: Minutes of the meeting on July 2nd⟩

Dear Mr. Brown,

Thank you for coming to the meeting last week.

Could you check the attached minutes? If there is anything to be added, please inform me in your reply.

Best regards,
Rie Ikeda

◆**日本語訳**〈件名:7月2日の会議録送付〉

先週は会議にご参加いただき、ありがとうございました。

添付の議事録をご確認いただけますでしょうか。もし何かつけ加えるべきことがございましたら、折り返しお知らせください。

英語脳を身につけよう

> 添付の議事録をご確認いただけますでしょうか。
> **Could you check the attached minutes?**

Could you 〜? は丁寧な依頼の表現です。動詞は「(内容が正しいかどうか) 確認する」という意味で **check** が適切でしょう。

> もし何かつけ加えるべきことがございましたら、折り返しお知ら
> せください。
> **If there is anything to be added, please inform me in**
> **your reply.**

There is の構文を使って、**If there is anything**「もし何かあれば」という部分をまず組み立てます。**something** か **anything** か迷うかもしれません。ここでは「つけ加えるべきことがあるかないかわからないけれど、もしあれば」と五分五分の意味で言っていますので、こういう場合は **anything** を使います。「つけ加えるべき」は **to be added** で表します。メインの文の動詞は **please** + **inform** にして、「折り返し返信で」という意味の **in your reply** をつければ完成です。

語彙

minutes	議事録
check	確認する
add	加える

議事録

重要表現

* **This is the summary of the sales meeting on May 14th.**
  これは5月14日の販売会議のまとめです。

* **We would appreciate it if you could peruse and confirm the attached minutes.**
  添付の議事録を読んでご確認いただけますと幸いです。

* **Please follow up with the pending issues.**
  保留事項への取り組みを引き続きお願いします。

* **I would like you to revise the sales amount, which is not 1.0 million yen but 0.7 million yen.**
  販売額の修正をお願いします。100万円ではなく、70万円です。

ドリル　書いて覚えよう！

1. 先週は会議にご参加いただき、ありがとうございました。
Thank you (for, to, coming) the meeting last week.

___

2. 添付の議事録をご確認いただけますでしょうか。
Could you check the attached ____?

___

3. もし何かつけ加えるべきことがございましたら、
If there is anything ____ ____ ____,

___

4. 折り返しお知らせください。
Please (me, inform, your, in) reply.

___

議事録

コラム　オススメの参考書

ここまで読み進めていただきありがとうございます。

本書では最初に述べたように、英文の組み立て方の解説に力点を置いていますので、例文の数はあえて抑えてあります。

「組み立て方はなんとなくわかってきたから、もっと参考例文がほしい」という方、「さらにレベルアップを目指したい」という方のために、参考になる書籍をピックアップしてみました。ぜひ今後の学習に役立ててください。

1）手元に置きたい参考書
『英語ライティング　ルールブック』（デイヴィッド・セイン／DHC）
ライティングに必要な、文法・語法やその他のルールについて学べます。

2）英文をコピー&ペーストで使いたい
『英文ビジネスEメール　実例・表現1200』（Z会編集部・編／Z会）
購入特典としてWeb上から例文が使用できます。

『仕事の英語　このメールはこう書く！』（日向清人／桐原書店）
3行で書けるEメール集。例文を収めたCD-ROMがついてきます。文章の展開の仕方について、シンプルかつわかりやすく解説されています。

『絶対に使える英文eメール作成術』(大島さくら子／角川SSC新書)
新書なので携帯にも便利です。Web上に例文が載っています。

3) ハイレベル編
『英文ビジネスレター＆Eメールの正しい書き方』(松崎久純／研究社)
Eメール以外の英文レター等も詳しく解説。

『The Executive Guide to E-MAIL Correspondence』(Dawn-Michelle Baude ／ Career Press)
洋書ですが、用例が豊富で参考になります。

4) 日本語を英語にするには
『同時通訳が頭の中で一瞬でやっている英訳術リプロセシング』(田村智子／三修社)

Eメール本ではありませんが、p.94で取り上げたような、英訳しにくい日本語について、どのように発想の転換を行えばよいかの参考になります。

おわりに

　最後までお読みいただき、誠にありがとうございます。ここまでざっくり目を通してきた方、ドリルに書き込みながらじっくりと取り組んできた方など、いろいろいらっしゃると思います。

　本書の使い方でも触れましたが、ぜひドリルのページに書き込みながら使っていただければ幸いです。

　英語の学習には継続が必要です。そして、継続のためには達成感が必要です。そうでないと続けられませんよね？

　一番手っ取り早く達成感が得られるのは、参考書を1冊でも終わらせたときです。ここまで読んでくださった皆さんは今、その達成感で満たされているのではないでしょうか。

　その勢いで、また最初のページに戻ってもいいですし、今後は例文が必要になったときにだけ本書を参照するというスタイルでもいいでしょう。また、他の参考書に進むのもよいと思います。

　脳科学者の茂木健一郎氏は『モギケンの音楽を聴くように英語を楽しもう！』（茂木健一郎／朝日出版社）の中で、英文ライティングの上達のためには英語を書くリズムを体にしみ込ませることが必要で、そのためには「正しいか正しくないかよ

りも、大量に書くことのほうが圧倒的に大切」だと言っています。ビジネスEメールの場合は残念ながら正しくなくてもいいとは言えませんが、大量に書くことの大切さは身をもって感じています。

　本書を執筆するにあたっては明日香出版社の石野様と小野田様に大変お世話になりました。この場を借りて深くお礼を申し上げます。またお世話になった前職の皆様、励ましてくれた友人、そしてあらゆる面で支えてくれた"家族"に感謝いたします。

■著者略歴■
鈴木　大介（すずき・だいすけ）
JIL（Join in the Laugh）代表

1979年　静岡県浜松市生まれ。浪人時代に予備校の模試で英語全国2位になったにも関わらず、大学時代に初めて受けたTOEICは435点と玉砕。その後、英語への危機感から猛勉強を開始、ロンドンへの語学留学を経てTOEICの点数を2倍以上に伸ばす。

早稲田大学法学部卒業後、大手家電メーカー入社。海外営業部にて貿易職を経験。UAE、フィリピン、南アフリカ等10カ国を超える国と地域を担当し、年間10億円以上の販売を扱う。当初はEメールの書き方がわからず苦しむも、年間5000件以上作成する中で、そのコツを習得する。

2011年に退職し、JIL English Onlineを開始。語学書の執筆と、ビジネス現場での経験を生かした英語レッスンを行っている。また、株式会社笑おう!!日本！ 取締役プロダクトマネージャーとして、英語教材の開発に携わっている。
ブログ「JIL English Online」
　　　http://ameblo.jp/abu-cafe/
Twitter account @abucafe

英文校閲：Paul Burke

―― ご意見をお聞かせください ――
ご愛読いただきありがとうございました。本書の読後感想・ご意見等を愛読者カードにてお寄せください。また、読んでみたいテーマがございましたら積極的にお知らせください。今後の出版に反映させていただきます。

☎ (03) 5395-7651
FAX (03) 5395-7654
mail：asukaweb@asuka-g.co.jp

わかりやすいビジネス英文Eメールの基本公式30

2011年9月13日　初版発行

著　者　鈴　木　大　介
発行者　石　野　栄　一

〒112-0005　東京都文京区水道2-11-5
電話 (03) 5395-7650（代　表）
　　 (03) 5395-7654（ＦＡＸ）
郵便振替00150-6-183481
http://www.asuka-g.co.jp

明日香出版社

■スタッフ■　編集　早川朋子／藤田知子／小野田幸子／末吉喜美／古川創一／久松圭祐／落合絵美　営業　小林勝／浜田充弘／渡辺久夫／奥本達哉／金本智忠／平戸基之／野口優／横尾一樹／後藤和歌子／田中裕也　総務経理　藤本さやか

印刷　株式会社東京研文社
製本　根本製本株式会社
ISBN 978-4-7569-1489-7 C2082

本書のコピー、スキャン、デジタル化等の無断複製は著作権法上で禁じられています。
乱丁本・落丁本はお取り替え致します。
©Daisuke Suzuki 2011 Printed in Japan
編集担当　小野田幸子

TOEIC スコアアップ勉強法！

30日間で900点！
英語嫌いな私の
TOEIC® TEST 勉強法

濱口達史：著
定価（税込）1470円
B6 並製 216ページ
ISBN978-4-7569-1432-3
2011/01 発行

英語は大の苦手だった私が
一発でTOEIC900点
取れた！

＜超理系な私の効果的学習法＞
昔から英語が大の苦手だった著者（理系エンジニア）が
TOEIC900点取れた！
図表や実例を盛り込みながら、わかりやすく説明します。

＜受験料＋1万円の効果的学習法＞
今どきのウェブサイトを活用したり、外国人バーへ突撃するなど、
机の前にかじりついて勉強する「ガリ勉勉強法」以外の
学習方法も紹介！

＜こんな方へおすすめです＞
・「会社で TOEIC を受けることになった！ どうしよう」…という方
・「英語が苦手な現状を打破して、スコア UP したい！」という方
・「時間もお金もない、でもなんとか効率的に勉強したい」…という方

超効果的・英語勉強法！

申し訳ないほど効果が上がる
英語勉強の7つの方法

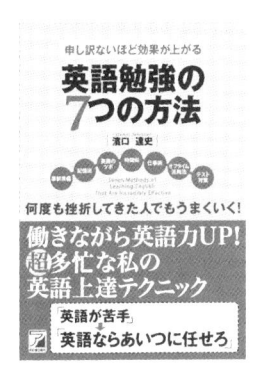

濱口達史：著
定価（税込）1365円
B6並製 240ページ
ISBN978-4-7569-1485-9
2011/07 発行

何度も挫折してきた人でも うまくいく！
今から本気で始めたい人の ための、英語勉強法

働きながら英語力UP！
超多忙な私の英語上達テクニック

超多忙ビジネスパーソンは、こうやって英語学習にあてる時間を捻出している！ 何度も挫折してきた人でもうまくいく英語勉強術を、7項目に分けて紹介。
忙しい人でも、仕事のやり方、時間の使い方を工夫することで、仕事も英語もデキるようになります。

1. 事前準備　　2. 記憶術　　3. 英語のツボ
4. 時間術　　5. 仕事術
6. オフタイム活用法　　7. テスト対策

「英語が苦手…」から
「英語ならあいつに任せろ」へ！

今すぐ使えるビジネス英語フレーズ

CD BOOK 21日で速習！「社内公用語の英語」の重要表現600

植田一三：監修
里中満子：著

定価（税込）1680円
B6変型　208ページ
ISBN978-4-7569-1444-6
2011/03 発行

ビジネスで最小限必要な重要表現を21日間で身につける！

社内での挨拶、来客応対、電話、会議まで
ビジネス場面で最もよく使われる、状況別英語フレーズNo.1

<これだけは最小限覚えておこう！>
ビジネス場面で最もよく使われる重要英語フレーズ600を、コーパス言語学とグーグル検索による頻度分析で厳選。状況別、見開き完結でまとめました。

<こんな方におすすめです>
・「会社で英語が公用語になってしまった！」（なりそうだ！）という方
・「仕事で英語を使うことが急に増えて焦っている」という方
・「TOEICテスト対策のため、ビジネス英語を勉強したい」という方